TRAITÉ
DES COULEURS ET VERNIS,

Par M. MAUCLERC,
Marchand Epicier.

Fluctibus è tantis, artem, tantisque tenebris,
In tam tranquillo & tam clarâ luce, locare,
Hoc opus.

VOLUME *in*-8°. Prix, 3 liv. 12 sols broché.

A PARIS,
Chez { RUAULT, Libraire, rue de la Harpe.
L'Auteur, rue Quincampoix.

M. DCC. LXXIII.
Avec Approbation & Permission du Roi.

ÉPITRE

DÉDICATOIRE

A MESSIEURS

LES DIRECTEURS, GARDES

De l'Académie de S. Luc & Communauté des Peintres de Paris.

LES Couleurs, les Huiles & les *Vernis doivent être soumis à votre critique ; à qui cette connoissance doit-elle mieux appartenir qu'à ceux qui en font usage, les uns avec un art tant imitatif qu'il ne laisse aucune différence entre ſon effet illuſoire & le réel de la nature, les autres avec la propreté la plus requiſe? Si vous ſçavez donner de la gaité, de l'élégance, de la richeſſe aux Appartemens, vous ſçavez auſſi nous retracer les formes & les caracteres des grands hommes des ſiécles paſſés, & perpétuer dans une famille la mémoire d'une perſonne chérie en procurant à ſes arriéres-petits enfans le portrait le plus reſſemblant; c'eſt la couleur employée avec art qui procure ces bons offices.*

Cependant il exiſte dans la couleur & dans les huiles un ennemi de votre Art, qui lui porte des atteintes irréparables. Si l'on conſidere avec réflexion les couleurs naturelles, l'on appercevra dans les terrestres les ochres de différentes especes, la terre d'Italie, la terre de Cienne, la terre de Cologne, &c. des crasses & des matieres hétérogenes qui tendent à les salir. Dans les minérales les orpins, le minium, le cinabre, des sels qui les ternissent & les noircissent; dans les métalliques le verdet, le blanc de plomb, la céruse, &c. des sels, des crasses qui par la suite se placent sur leur surface & les obscurcissent; dans celles tirées du suc des plantes, l'indigo, le verd de vessies, des matieres hétérogenes, des infidélités qui les empêchent de conserver l'effet qu'elles vous ont produit; celles que la Chimie nous a procuré, le bleu de Prusse, la lacque, &c. perdent leur teinte & en acquiérent une autre ; le bleu devient verd, le cramoisi, le rose deviennent jaune, le jaune dégénere en olive ou en gris. Les huiles portent avec elles une crasse, un sel, qui voile, jaunit & noircit.

Ces incidents sont cause que le coloris d'un tableau change & qu'un Peintre ne reconnoît son ouvrage, après dix ans, que parce qu'il se souvient de l'avoir fait.

La confiance que l'on a toujours eu pour les couleurs & les huiles n'a pas permis que l'on apperçût la vraie cause de ces changemens dont on a attribué les effets à la poussiere & à l'air, & pour empêcher l'un & l'autre de frapper immédiatement sur la couleur, on l'a couvert de vernis (1), & l'on n'a fait qu'augmenter la cause des effets qu'on vouloit détruire. (2)

C'est d'après ces considérations, Messieurs, que j'ai exposé à votre Assemblée des couleurs chymiques, solides & constantes dans leurs teintes, des terrestres, des minérales, des métalliques purgées de leurs sels & de leurs crasses; & si je n'ai pas encore pu ôter de l'orpin son souffre, je suis au moins certain que son odeur ne peut être nuisible, & qu'elle se dis-

---

(1) Cecidit in Syllam cupiens vitare Garibdin.

(2) Traité des Couleurs & Vernis, Chapitre du nettoyage des tableaux.

ſipe en peu tems. J'expoſe auſſi des huiles dégagées de l'eau, de la terre, du ſel & du lait d'amandes qu'elles contenoient. L'huile dépouillée de toutes ces matieres eſt incorruptible, elle a moins de couleur, moins d'odeur ; elle eſt plus diaphane.

Les huiles & les couleurs n'ayant plus d'odeur (1) ne ſeront plus rejettées de l'intérieur des appartemens que l'on pourra embellir avec d'autant plus d'art qu'il y a plus de reſſource & de richeſſe dans la peinture à l'huile que dans celle à la détrempe qui d'ailleurs n'a point de ſolidité.

C'eſt d'après l'examen que vous

---

(1) Sublatâ cauſâ, tollitur effectus.

avez fait des huiles, des couleurs & des vernis que je suis confirmé dans l'opinion que j'ai conçue de mes opérations & de leurs effets. Votre Approbation m'assure que j'ai réussi & que je rends service à l'Art, à l'Artiste & au Public.

Vous n'avez pas désapprouvé que je divulgasse le secret des Vernis, la véritable maniere de les composer bons, & vous souhaitez que chacun se fasse un amusement de leur composition & de leur emploi; animé du même zele & de la même générosité, je m'appliquerai à simplifier les opérations qui dépouillent les couleurs & les huiles de leurs crasses, de leurs sels, de leurs odeurs, & je les rendrai publiques. Permettez qu'en at-

tendant je vous faſse l'hommage de ce petit Traité des Couleurs & des Vernis, & que je me diſe avec la conſidération la plus parfaite,

Votre très-humble & très-obéiſsant ſerviteur,

MAUCLERC.

PRÉFACE.

LES Bibliothéques sont pleines de Livres qui traitent les uns des Vernis, les autres des Couleurs; mais les Auteurs de ces Livres n'étoient ni Peintres ni Vernisseurs, ils n'ont parlé des Vernis que d'après la déclaration des personnes qui croioient les connoître, ou d'après l'aveu de ceux qui les faisoient les moins mauvais de leur tems; leurs Recettes sont chargées d'une multitude d'ingrédiens, & leurs manieres d'opérer ne sont pas raisonnées. S'il s'est trouvé quelqu'un qui a su faire des Vernis, il a caché mystérieusement sa maniere de les composer, c'est ce qui fait dire encore actuellement que le Vernis est un secret.

Il semble que le dernier qui a écrit des Vernis, le S[r]. Watin qui a fait imprimer l'*Art de faire & d'employer le Vernis*, ait voulu continuer dans le public les erreurs & la manie des Anciens ; car les Recettes qu'il donne pour la composition des Vernis sont aussi fausses que toutes celles qu'il réfute chez eux, & s'il en a trouvé quelqu'une de bonne, il la réfute aussi (1), seroit-ce parce qu'il craindroit que le Public en fît usage, ou parce qu'il ne se connoît pas en Vernis ?

---

(1) Le Vernis Italien de Christophe Lorce Morley, Réfutation, pag. 40.

Les Peintres, trop occupés de leur Art qui demande un tems & une étude telle qu'il n'y a que ceux qui ont de grandes dispositions qui parviennent à cette réputation de grands Peintres, n'ont pas le loisir de réfléchir sur la nature des Couleurs, encore moins sur leurs effets futurs, ils sçavent bien que tels & tels Peintres, dont les tableaux subsistent encore sans avoir souffert beaucoup d'altération, se préparoient des couleurs & des huiles, mais ils ignorent quelles sont ces préparations, le même hazard qui a réussi aux premiers ne leur tombe pas sous les mains. Leurs tentatives & leurs précautions deviennent nuisibles à leurs ouvrages. (1)

(1) Les Peintres, pour blanchir les

Les Livres qui traitent des Couleurs disent simplement que telle se trouve en tel endroit, & s'ils par-

---

huiles les exposent au soleil & à l'air ; elles y blanchissent à la vérité, mais parce qu'elles se pourrissent.

Il y a dans l'huile de l'eau, de la terre, du sel & un lait de l'amande dont on l'a tirée. L'eau, la terre & le lait d'amande entrent en fermentation quand ils sont frappés du chaud & de l'air, pendant l'action ils répandent une odeur fade & désagréable, l'effet de la fermentation est une putréfaction totale, & personne n'ignore que la putréfaction & la calcination donnent à tout une couleur blancheâtre ou grise ; d'où il suit que l'huile blanchie au soleil est un composé de sel & de matieres pourries, qui restent troubles. Quel effet ne doit-on pas craindre d'un pareil composé ?

lent

lent de la nature de quelqu'une, c'eſt parce qu'elle a quelque propriété pour la Pharmacie, mais ils ne diſent rien de ſes effets dans la Peinture.

Cependant la Peinture & les Peintres ſont dans cette poſition, que les Peintres employent des matieres viciées, & que la Peinture eſt ſujette à ſe ſalir, à ſe noicir, parce que les Peintres ne connoiſſent pas la cauſe de l'altération des couleurs qu'ils employent, les couleurs & les huiles ſont en diſcrédit dans le Public à cauſe de leurs odeurs ou de leurs effets plus ou moins dangereux.

C'eſt dans cette perplexité du Public & des Peintres, des doutes & des craintes des Vernis, des couleurs & des huiles, que l'Auteur donne les vraies dozes & la vraie maniere de composer les Vernis; ses recettes sont simples & l'on ne peut trouver, dans les ingrédiens, aucun qui puisse nuire à la santé. Il offre des huiles & des couleurs qui ne sont plus suspectes; l'Académie & Communauté des Peintres de Paris les a examinés, essayés & approuvés; l'Auteur a rempli les conditions de l'épigraphe:

Fluxtibus è tantis, artem, tantisque tenebris,
In tam tranquillo & tàm clarâ luce locare,
Hoc opus.

Il y étoit excité par l'Approbation du Censeur Royal, & l'Approbation de l'Académie ne laisse aucun doute.

L'Auteur travaille à simplifier les

opérations néceſſaires à la dépuration des huiles & des couleurs ; quand il en ſera content il ſe fera un plaiſir de les donner au public comme il fait ici la maniere de compoſer les Vernis.

Le Sieur Mauclerc continue de vendre des Couleurs, des Huiles & des Vernis. Il fait la Commiſſion tant en recevant qu'en envoyant. Il offre un Commerce & une Correſpondance ſuivant les uſages, à toutes les Provinces du Royaume & à l'Etranger.

Approbation du Cenſeur Royal.

J'AI lu par l'ordre de Monſeigneur le Chancelier, un Manuſcrit intitulé: *Traité des Couleurs & des Vernis*, par M. Mauclerc. Si l'Auteur tient parole dans la pratique, il eſt certain qu'il a perfectionné ſon Art, & qu'à cet égard il ſera bien digne de l'eſtime & l'approbation publique. A Paris, ce 10 Avril 1773.

L'Abbé DE LA CHAPELLE.

Atteſtation de l'Académie de Saint Luc & Communauté des Peintres.

LA Compagnie, après avoir oui le Rapport de Meſſieurs Bailly, Chevalier & Bolkman, Officiers de notre Académie, qu'elle avoit chargé de l'examen des Couleurs, des Huiles & des Vernis que le Sieur Mauclerc, Marchand

Epicier à Paris, a ſoumis à la Critique de l'Académie, a atteſté & atteſte la beauté & la ſolidité de ſes Vernis, la réalité de leurs épreuves réſultantes des expériences dudit Sieur, de l'heureuſe découverte qu'il vient de faire, qui procure tant aux Peintres qu'au Public l'avantage de pouvoir faire l'emploi des Huiles & des Couleurs ſans odeur & ſans craſſes, comme étant dépouillées de tous leurs effets mal-faiſans. En foi de quoi la Compagnie conſent que le préſent Certificat lui ſoit délivré. A Paris ce 18 Juin 1773, & ont ſigné au nombre de 71.

PERMISSION DU ROI.

LOUIS, par la Grace de Dieu, Roi de France & de Navarre, A nos amés & féaux Conſeillers, les Gens tenans nos Cours de Parlement, Maîtres des Requêtes ordinaires de notre Hôtel, Grand Conſeil, Prévôt de Paris, Baillifs, Sénéchaux, leurs Lieutenants Civils & autres nos Juſticiers qu'il appartiendra : SALUT. Notre amé le Sieur MAUCLERC, Nous a fait exposer qu'il désireroit faire imprimer & donner au Public *un Traité des Couleurs & Vernis de sa composition*, s'il Nous plaisoit lui accorder nos Lettres de Permission pour ce nécessaires. A CES CAUSES, voulant favorablement traiter l'Exposant, Nous lui avons permis & permettons par ces Présentes, de faire imprimer ledit Ouvrage autant de fois que bon lui semblera, & de le faire vendre & débiter par tout notre Royaume, pendant le tems de trois années consécutives, à compter du jour de la date des Présentes. FAISONS défenses à tous Imprimeurs, Libraires, & autres personnes, de quelque qualité & condition qu'elles soient, d'en introduire d'impression étrangère dans aucun lieu de notre obéissance. A la charge que ces Présentes seront enrégistrées tout au long sur le Régistre de la Communauté des Imprimeurs & Libraires de Paris, dans trois mois de la date d'icelles; que l'impression dudit Ouvrage sera faite dans notre Royaume & non ailleurs, en beau papier & beaux caractères; que l'Impétrant se conformera en tout aux Réglemens de la Librairie, & notamment à celui du dix Avril mil sept cent vingt-cinq, à peine de déchéance de la présente Permission; qu'avant de l'exposer en vente, le Manuscrit qui aura servi de copie à l'impression dudit Ouvrage, sera remis dans le même état où l'Approbation y aura été donnée, ès mains de notre très-cher & féal Chevalier, Chancelier, Garde des Sceaux de France, le sieur DE MAUPEOU; qu'il en sera ensuite remis deux Exemplaires dans notre Bibliothéque publique, un dans celle de notre Château du Louvre, & un dans celle dudit Sieur DE MAUPEOU: le tout à peine de nullité des Présentes; du contenu desquelles vous mandons & enjoignons de faire jouir ledit Exposant & ses ayans causes, pleinement & paisiblement, sans souffrir qu'il leur soit fait aucun trouble ou empêchement. VOULONS qu'à la Copie des Présentes, qui sera imprimée tout au long au commencement ou à la fin dudit Ouvrage, foi soit ajoutée comme à l'Original. COMMANDONS au premier notre Huissier ou Sergent sur ce requis, de faire pour l'exécution d'icelles, tous Actes requis & nécessaires, sans demander autre permission, & nonobstant clameur de Haro, Charte normande & Lettres à ce contraires; car tel est notre plaisir. Donné à Paris, le vingt-troisième jour du mois de Juin, l'an mil sept cent soixante-treize, & de notre Regne le cinquante-huitieme. Par le Roi en son Conseil.

LE BEGUE.

Régistré sur le Régistre XIX, de la Chambre Royale

& Syndicale des Libraires & Imprimeurs de Paris, n°. 2654. fol. 105. conformément au Réglement de 1723, qui fait défense, Art. 4, à toutes personnes, de quelque qualité & condition qu'elles soient, autres que les Libraires & Imprimeurs, de vendre, débiter, faire afficher aucuns Livres pour les vendre en leurs noms, soit qu'ils s'en disent les Auteurs ou autrement, & à la charge de fournir à la susdite Chambre huit Exemplaires prescrits par l'Article 108. du même Reglement. A Paris ce 10 Juillet 1773.

C. *A.* JOMBERT, *pere, Syndic.*

TRAITÉ

TRAITÉ DES COULEURS ET VERNIS.

ORIGINE DE LA PEINTURE.

LES Couleurs ſont autant avant la Peinture que l'homme eſt avant l'art de peindre ; c'eſt-à-dire que les Couleurs ont exiſté long-temps avant qu'on s'en ſervît. L'on ignore le premier qui en fit uſage ; mais ſi l'on cherche d'où l'homme a pris l'idée des Couleurs, on le trouvera dans le ſuc des plantes, dont, par haſard, il s'eſt teint les mains en les cueillant. Les taches que ces fucs ont fait fur fes mains ou fur fes vêtemens, lui ont donné l'idée de les teindre entierement.

D'abord l'homme a eu des Couleurs telles quelles, par l'expreffion des plantes; (1) la Chimie les a perfectionnées & rendu plus nombreufes.

S'il eft vrai que les Chinois font les plus anciens peuples de la terre, il fe peut qu'ils foient les premiers qui ayent fait ufage des Couleurs; l'on en fera même convaincu fi l'on confidere que nous tenons les Couleurs de la République de Rome, qui les avoit apprifes des Perfes & des Indiens qu'elle avoit fubjugués.

---

(1) Le tournefol, l'indigo font bleu; le faffran, la gaude, la graine d'avignon font jaune; le fang-dragon, la cochenille, l'aucus, la garance, l'orfeille font rouge. L'on tire encore de la teinture, des bois tels que du terra-merita, du bois de fernambouc, du bois d'Inde.

Il eſt à préſumer que les Perſes, les Chinois & les Indiens ont d'abord employé les ſucs de plantes à peindre ou teindre leurs toiles de coton, que nous nommons Indiennes, Perſes, Pekins, & ont acquis les premiers l'art de la teinture, qu'ils poſſedent mieux que nous, dans ce genre, quoique nous employions les mêmes ingrédiens qu'eux.

L'art de deſſiner peut être autant & plus ancien que la découverte des Couleurs, & c'eſt probablement l'ombre des objets qui en a donné l'idée. De ces deux découvertes naquit la Peinture. L'objet deſſiné fut d'abord peint de ſa couleur, ſans clair, ſans ombre; les différentes poſitions des objets, par rapport au ſoleil, ont donné à l'objet différentes formes, différentes teintes; le ſoleil frappant de côté une feuille, un fruit ou tout autre objet, ſa forme différencie dans l'ombre qu'il rend; nouveaux contours, nouveaux progrès dans le deſſein. L'objet, dans une poſition oblique, n'eſt éclairé que dans une de ſes parties; les autres ſont ombrées; la couleur des différentes parties paroît n'être plus la même; elle a des nuances qu'il a fallu imiter; nouveaux progrès dans la Peinture: il eſt à ſuppoſer que c'eſt de ces différens incidens que l'art & de deſſiner & de peindre a fait des progrès.

Il eſt probable que les Indiens ont les premiers fait uſage des couleurs, & que c'eſt ſur leurs toiles de coton qu'ils les ont employées; que les Perſans ont acquis d'eux cette connoiſſance qu'ils ont tranſmiſe aux Romains.

Ces ſucs de plantes, de fruits & d'herbes, étoient bien capables de ſatisfaire à la teinture, mais non pas à la Peinture; leur mélange ne rend point de teintes diſtinctes; elles ſont brunes & indéciſes. L'on a trouvé dans le ſein de la terre d'autres couleurs que l'art a perfectionné, & c'eſt encore aux Indiens que nous sommes redevables de cette découverte ; ils sont les premiers qui ayent tiré, de la terre, des métaux & des minéraux les matieres & les couleurs dont ils composent & peignent la porcelaine que nous tenons d'eux depuis peu de temps, & que les Romains n'ont pas connu ; car on ne peut pas prendre, pour porcelaine, cette vaisselle de terre que l'on fait à *Faenza*, & que nous nommons fayance ; c'est cependant une porcelaine imparfaite qui donneroit à croire que les Romains en ont eu quelque idée.

Si nous avons eu l'émail avant la porcelaine, ou la porcelaine avant l'émail, c'est ce que l'on ignore ; mais comme leur nature est presque la même, l'une dérive de l'autre, ils doivent leurs couleurs & leurs vernis aux métaux. (1)

(1) Les couleurs dont on se sert pour peindre

Le Dessein, indépendant de la Peinture, a fait des progrès ; les différens objets apperçus de différens côtés, lui procurant divers contours, diverses formes, ils n'avoient besoin que d'être tracés & ombrés, pour marquer leurs contours & leurs replis ; mais la Peinture, dépendante du dessein, avoit besoin d'une infinité de teintes pour exprimer les clairs & les ombres, les replis des objets & leurs reflets.

Les clairs & les ombres ont donné l'idée du mélange du blanc & du noir avec les couleurs générales, & les reflets celle du mélange d'une couleur avec une autre couleur.

Mais les sucs de plantes, par expression, ne sont point susceptibles de mélange ; ils deviennent bruns &

---

l'émail & la porcelaine, sont nommées émaux par les Artistes, & se tirent des métaux ou par rouille ou par calcination, & ensuite sont vitrifiées ; le cuivre produit le verd ; le fer le jaune ; l'argent le bleu ; l'or le rouge.

sales (1), & la Peinture en seroit restée-là si le hasard n'avoit fait rencontrer des terres colorées. Cette découverte fait le premier degré de la perfection de la Peinture.

L'on ne peut pas supposer, au premier tableau qui s'est fait, plus de perfection, que de représenter un objet à-peu-près dessiné ; car il ne pouvoit être coloré qu'autant que la disette des couleurs & la difficulté de leurs mélanges le permettoient alors.

Il est vraisemblable que le premier tableau fut fait avec des terres broyées à l'eau : le peu de solidité de ces terres ne donnoit aucune consistance à la masse des couleurs répandues sur le plan du tableau ; cet inconvénient aura fait chercher quelque ingrédient capable de donner quelque consistance, &

(1) Les toiles peintes qui nous viennent de la Perse, n'ont de couleurs décidées que celles qui sont simples ; les mélangées sont obscures & ne peuvent pas être exactement dénommées.

l'on a été affez heureux pour trouver des gommes (1) qui font en ufage dans certain genre de Peinture.

Ces terres fuffifoient aux premiers Peintres ; la Chimie a fourni à ceux qui leur ont fuccédé, d'autres matieres colorées ; favoir, des terres brûlées, des terres minérales apprêtées, des fucs de plantes congelés, des couleurs extraites du fang des animaux, d'autres extraites des métaux.

Cette abondance de matieres colorées a fait la richeffe & la perfection de la Peinture. Plus le Peintre a eu de facilité à remplir fes idées, plus fes idées fe font étendues ; la multitude des teintes qu'il a trouvé dans un plus grand nombre de couleurs, lui a fourni la faculté d'arrondir fes objets, de les détacher les uns des autres, d'approfondir & d'élargir le théâtre fur lequel

(1) Les Peintres en éventails employent la gomme arabique.

ſes figures repréſentoient quelques ſcènes ; de-là la dégradation du coloris, l'ordonnance du tableau par rapport au clair obſcur & à la perſpective. D'un autre côté, l'art de deſſiner faiſoit des progrès par les occaſions fréquentes qu'il a de ſe perfectionner ; enfin, les Mathématiques ont donné des regles & pour les proportions & pour la perſpective.

Mais ſi la Peinture a gagné par la découverte d'une multitude de couleurs, elle eſt expoſée à perdre beaucoup par leur mélange ſéduiſant & trompeur ; de la différence de leur nature réſulte un antipathie remarquée. Les couleurs minérales portent avec elles un ſouffre, un ſel arſenical, qui, par la ſuite, noircit toutes les couleurs avec leſquelles elles ſont mélangées, ſi elles ne ſont pas homogenes ; ces couleurs ſe ſaliſſent elles-mêmes ſi elles ne ſont pas bien purgées de leurs ſels. Les couleurs tirées du ſuc des plantes ou du ſang des animaux, contiennent auſſi des ſels qui les dégradent; ſouvent auſſi, ſoit ignorance du Fabricateur ou avidité de gain, elles pêchent par le choix des ingrediens qui les compoſent, ou par la maniere dont elles ont été fabriquées. Une lacque devient orangé, un bleu devient verd, un jaune dégénere en olive & quelquefois en gris. Les couleurs terreſtres contiennent une craſſe & un ſel qui les rend ſales & qui s'accroiſſent par la calcination de quelques-unes, qui, ſi l'on ne les en purge point, ſe portent au-dehors, ſe répandent ſur la ſuperficie du tableau & le maſquent; de-là vient qu'un tableau vieillit rarement ſans perdre quelque choſe de ſes demi-teintes, de ſes reflets, de ſes fuyans, & par conſéquent de l'ordonnance de ſon coloris & de ſa perſpective.

AVIS.

C'EST d'après ces conſidérations que l'Auteur a cherché & trouvé les moyens de dépurer de leurs ſels, de leurs ſouffres & de leurs ſaletés, les couleurs minérales, métalliques & terreſtres, & qu'il eſt enfin parvenu à donner, à celles qui ſont tirées du ſuc des plantes & du ſang des animaux, une teinte invariable.

COMPARAISON des Couleurs impalpables & lumineuſes, & des Couleurs matérielles & opaques.

LA lumiere nous vient du ſoleil, nous tenons les couleurs de cette même lumiere. Newton, à l'aide d'un priſme, décompoſa le rayon du ſoleil ou la lumiere qui vient de cet aſtre; ce rayon reçu ſur la table d'un priſme, préſenté horiſontalement, paſſant par ſes angles, ſe diviſe en diverſes parties, & fait appercevoir, ſur l'objet qui lui eſt oppoſé, diverſes couleurs. Ces couleurs ſont, la plus baſſe, le rouge, ſuivent l'orangé, le jaune, le verd, le bleu d'azur & celui d'indigo; le violet paroît au bord le plus elevé. Entre ces couleurs & dans le paſſage de l'une à l'autre, paroît une teinte indéterminée qui tient de la précédente couleur & de la suivante, ou si l'on veut, le reflet de l'une & de l'autre couleur.

Cette découverte a fait donner au rayon du soleil le nom de lumiere septupliée, & à ces couleurs le nom de couleurs primitives ou primordiales au nombre de sept. Quelques-uns, par la suite, ont donné le même nom au blanc & au noir, & parlent de neuf couleurs primitives.

L'on a observé qu'un brillant de onze grains, éclairé d'un rayon de soleil, réfléchissoit sur un papier qui lui est opposé, trois couleurs; savoir, bleu, jaune, rouge, sans aucune couleur intermédiaire; & comme le diamant a plusieurs faces, il répétoit ses réflexions sans autre changement, que dans l'horisontal, les unes avoient le rouge à la partie supérieure, les autres le bleu; & que dans le perpendiculaire, le bleu & le rouge se placent indifféremment à droite & à gauche, &

que le jaune occupoit toujours le milieu.

Si les couleurs, que le prisme fait appercevoir, sont l'effet de la réfraction ou de la dispersion, c'est un problême dont la solution est réservée aux partisans de Newton & de Grimaldy; mais l'observation faite sur les reflections du brillant, prouve qu'il n'est pas une loi de la nature de ces couleurs, que le bleu ou violet occupe toujours la partie supérieure.

Quant à la dispersion opérée par le diamant, différente de celle du prisme, l'on ne peut en attribuer la cause qu'aux angles obtus de l'un & aigus de l'autre. Il est probable que l'angle obtus du prisme, recevant à la fois deux ou plusieurs parties du rayon divisible à l'infini, les rend mélangées sur l'objet qui est disposé pour les recevoir, & donne une couleur mêlée de plusieurs parties du rayon. C'est par cet effet que Newton a trouvé par le prisme, le verd, l'orangé, le violet. Le prisme l'a trompé : ces couleurs ſont un mélange effectif du bleu & du jaune, du jaune & du rouge, du rouge & du bleu ; l'expérience des couleurs opaques & matérielles le prouve. On peut encore attribuer aux effets de l'angle obtus du priſme, la répétition des bleu azur & indigo, & le bleu refletté de rouge fait appercevoir le violet.

L'arc-en-ciel ne prouve pas plus que le priſme le nombre des couleurs primitives ; toutes les teintes qu'il fait appercevoir entre le bleu, le jaune & le rouge, ſont produites du mélange de ces trois couleurs par leur mélange ou leur proximité.

La boule d'eau ne préſente à la vue que le rouge & le verd, rarement l'orangé.

Supprimez tout ce qui peut diviſer les rayons du ſoleil, leurs couleurs raſſemblées forment une maſſe blanche par l'éclat de leurs lumieres. Il s'enſuit de-là que le blanc eſt la maſſe, le cahos des couleurs impalpables ; & puiſque l'obſcurité ne produit aucune couleur, l'on peut définir l'obſcurité ou le noir, l'abſence ou la privation des couleurs impalpables.

Il en eſt au contraire des couleurs matérielles, il ne s'en trouve aucune dans le blanc qui ne laiſſe appercevoir de couleurs que celles qu'on lui procure par le mélange de quelqu'une ; donc le blanc matériel peut être dit la privation ou l'abſence des couleurs matérielles ; & ſi le mélange des couleurs matérielles (1) produit une couleur noire, le noir peut ſe dire la maſſe, le cahos des couleurs matérielles ; or, comme le mélange des couleurs matérielles bleu, jaune, rouge, en égale partie de leurs forces, produit un noir parfait ; donc le noir eſt l'aſſemblage, la maſſe, le cahos des couleurs matérielles.

(1) Art d'imprimer des tableaux, page 21.

L'Art

L'ART d'imprimer des Tableaux.

L'ART d'imprimer des Tableaux n'eſt ni nouveau, ni inconnu, ni difficile à pratiquer ; après ce que l'Auteur avance, l'on ne ſera pas peu ſurpris que pluſieurs perſonnes, les uns peintres, les autres graveurs, qui ont été employés à l'art de faire des tableaux imprimés en 1736 & 37, ſe ſoient contentés, après la mort de Leblond, Aſſocié de l'Auteur, de faire quelques petites pieces ; & l'ayent enſuite abandonné, à l'exception d'un, encore ne s'en occupe-t-il que d'une maniere proportionnée à ſes facultés & ſans idée de mieux.

Si quelqu'un reproche à l'Auteur de l'avoir abandonné, il répondra qu'il n'eſt ni peintre ni graveur, talens néceſſaires à cet art ; qu'il ne poſſede que la théorie des couleurs, dont il connoît parfaitement la nature, les mélanges & les effets; qu'il auroit fallu que d'habiles mains de graveurs & de peintres fussent conduites par un enfant de dix-huit-ans, qui ne pouvoit espérer ni la docilité des artistes qu'il auroit employés, ni la confiance de celui qui auroit eu l'intention de protéger cet art.

Cependant, si cet art étoit cultivé, il produiroit de beaux ouvrages bien supérieurs à ceux qui nous viennent de la Perse, de la Chine, & généralement des Indes. L'Auteur a chez lui un morceau qui est incomparablement plus beau que tout ce qui nous vient d'Ispaham & de Pekin.

Le principe de l'art d'imprimer des tableaux est le sistême de trois couleurs primitives (1) ou primordiales; le

(1) S'il étoit vrai qu'il y ait plus de trois couleurs primitives, il auroit fallu plus de trois planches & autant de planches qu'il y auroit eu de couleurs primitives & incomposées du mé-

bleu, le jaune & le rouge : l'exécution dépend de leur mélange par la rencontre combinée de trois planches portant chacune, distinctement & distributivement, une des trois couleurs, bleu, jaune, rouge. L'exacte rencontre de ces planches est la parfaite exécution de l'art ; pour y parvenir il faut posséder la sinthèse & l'analise des couleurs ; savoir combien tel ou tel verd exige de jaune & de bleu ; de combien de parties de jaune & de rouge est composé l'orangé ou l'aurore, ou le ponceau ; en quelle proportion doit être le mélange du rouge & du bleu pour produire le cramoisi, le pourpre, le violet ; enfin, comment composer une infinité de teintes intermédiaires à celles-ci.

Si des trois couleurs primordiales

---

lange des autres. L'art d'imprimer des tableaux établit sans réplique le nombre des couleurs primitives, & indique quelles elles sont.

étoient d'égale force pour le clair obſcur, il s'enſuivroit qu'égale partie de bleu & de jaune donneroit un verd également diſtant du jaune & du bleu; de même qu'égale partie de bleu & de rouge produiroit un pourpre qui tiendroit le milieu de ces deux couleurs dont il eſt composé; mais autant le jaune tient de la lumiere, autant le bleu tient de l'obſcurité; & malgré les efforts que l'Auteur a faits pour compoſer des jaunes obſcurs, il n'a pu les porter qu'en proportion de trois parties contre deux de bleu, pour compoſer un verd qui tint le milieu entre l'un & l'autre.

Le rouge primitif ou rouge feu, qui ne tient ni du ponceau ni du cramoiſi, eſt plus haut en couleur que le bleu; il faut oppoſer cinq de ſes parties contre quatre de bleu, pour obtenir un pourpre intermédiaire.

Le rapport du rouge au jaune eſt de cinq à ſept; c'eſt-à-dire qu'il faut mettre cinq parties de rouge & ſept de jaune, pour obtenir la couleur intermédiaire.

Tous ces différens rapports n'ont lieu que quand le jaune eſt porté à ſon ton le plus brun & le plus vrai ; c'eſt-à-dire, quand dans ſon brun il ne tient ni de l'olive ni de l'orangé, défaut ordinaire des jaunes bruns (1) que l'on trouve chez les marchands.

Le noir ſe trouve dans la rencontre des trois couleurs ; & comme on im-

(1) Le jaune qui ſe trouve chez les marchands ſous le nom de ſtil de grain d'Angleterre, eſt dangereux dans le mélange des couleurs ; il les ſalit & les abſorbe : l'Auteur le ſoupçonne être un mélange de ſtil de grain ordinaire & de biſtre.

Il croit auſſi que le mélange de la mumie ou de l'aſphalt ſeroit préférable pour ſatisfaire à ce que le Peintre deſire quand il le cherche dans le ſtil de grain d'Angleterre.

Le même a compoſé un jaune aſſez brun, lacqueux, tranſparant, qui peut ſuppléer à tout, & qui fait un bel effet dans les mélanges.

prime ſur un fond blanc, c'eſt de la rareté ou de la privation totale des couleurs que l'on obtient les teintes claires & blanches.

Ces principes poſés, ces connoiſſances acquiſes, l'on diſſeque, pour ainſi dire, l'objet qu'on ſe propoſe d'imprimer; l'on apperçoit en quelle proportion eſt le mélange de telle ou telle teinte; pour s'en aſſurer, l'on eſſaye ce mélange ſur la palette avec deux couleurs ſeulement; & ſi la teinte trouvée eſt plus claire que celle de l'objet, on la ſalit avec un peu de la troiſieme couleur; quand on a trouvé la teinte, l'on ſçait que telle planche ou telle autre planche doit porter tant de couleurs, & la troiſieme doit brunir leur effet. Si au contraire la teinte trouvée eſt plus brune que celle de l'objet, l'on réduit les deux planches à ne porter qu'une certaine quantité de couleurs qui permet au blanc du fond de leur donner aſſez de ſon jour pour les éclairer ou les pâlir, & l'on ſupprime la troiſieme planche par rapport à cette teinte.

C'eſt aſſez dit de cet art ; l'Auteur en donne la théorie, parce qu'il a à traiter des Couleurs & à diſcuter le raiſonnement d'un autre.

L'HARMONIE des Couleurs, ou le Clavecin oculaire.

C'EST du nombre des couleurs primitives de Newton, que le Pere Castel a formé le projet de comparer les tons des couleurs avec les sons de la musique ; en effet, sept couleurs, sept notes, donnent l'idée d'une analogie.

Newton ne trouve sept couleurs qu'en répétant le bleu sous la dénomination de l'indigo & de l'azur ; mais comme l'indigo, bien considéré, est un bleu un peu teint de violet, le Pere Castel lui a substitué le violet d'Evêque, & par ce changement il s'est rapproché de l'analogie. La septieme couleur, le violet d'Evêque, substitué à l'indigo, approche tellement du bleu, que son passage au bleu est aussi doux, & n'est pas plus sensible que du *si* & l'*ut*.

Les sons *ut*, *mi*, *sol*, sur lesquels s'accordent ordinairement les instrumens de musique, lui ont paru des sons primordiaux, en rapport des tons des couleurs primordiales bleu, jaune, rouge. Il a considéré les sons intermédiaires comme des sons secondaires qu'il a comparés aux couleurs secondaires, dérivées du mélange des couleurs primitives. Le *ré* au *verd*, le *fa* à l'*orangé*, le *la* au *pourpre*, le *si* au *violet*.

C'est dans cette persuasion, & convaincu par la ressemblance des effets, qu'il a formé sa gamme.

	ut	bleu.
{	ut diaise	verd canard.
	ré	verd pré.
	mi bemol	verd olive.
	mi	jaune.
{	fa	orangé.
	fa diaise	aurore
	sol	rouge.
{	la bemol	cramoisi.
	la	pourpre.
	si bemol	violet.
	si	violet d'Evêque.

Le bleu plus éclairé que le premier,

plus haut en couleur, fait l'*ut* de l'octave.

Si les ſons avoient de l'exiſtence, du corps, on en pourroit faire des mélanges comme des couleurs; leur comparaiſon & leur reſſemblance ſeroient ſenſibles.

Pour doubler l'octave, il ſuffit d'éclairer la premiere gamme, rendre les couleurs plus hautes & plus vives, ce qui eſt pratiquable à l'infini.

Cette découverte fit appercevoir au Pere Caſtel l'accord des couleurs à la tierce, à la quinte, à l'octave; autre rapport des couleurs aux ſons: & c'eſt pour le démontrer qu'il a fait conſtruire un clavecin. Les perſonnes qui ne l'ont point vu ſeront peut-être bien aiſes d'en trouver ici la deſcription.

Un buffet haut de huit pieds, dont la baſe avoit environ trois pieds & demi de largeur & de profondeur ſur la hauteur de trois pieds, contenoit trois jeux d'orgue, un pertevent masqué par un tableau couvert par un double clavier. Le haut du buffet, de même largeur, sur la profondeur d'environ deux pieds, étoit rempli d'éventails fermés, placés à distances suffisantes pour être tous ouverts sans se gêner les uns les autres. La même touche, qui tiroit un son de l'orgue, ouvroit un éventail dont la couleur étoit analogue au son. D'abord, les éventails étoient d'une seule teinte, mais ils ont été ensuite historiés ; les uns représentoient des oiseaux sur des arbres ; d'autres, des paysages ; ceux-ci, des incendies, & ceux-là des tempêtes ; chacun portoit une couleur dominante analogue au son ; le reste de l'éventail étoit en harmonie avec la couleur dominante & d'accord avec les accompagnemens de l'orgue.

Un Anglois, grand amateur de musique & de Peinture, se plaisoit à toucher ce clavecin, & souvent ne faisoit jouer que les éventails ; ce qui le flattoit, disoit-il, autant & davantage que d'entendre les sons, à cause de la parfaite analogie des couleurs & des sons, & de l'invention industrieuse qui les mettoit en comparaison.

Si les couleurs & les sons, la peinture & la musique ont une analogie sensible, ils n'ont cependant pas les mêmes effets ; un événement tragique que la musique raconte, après avoir effrayé l'ame, arrachera des larmes des yeux ; le même événement, représenté par la Peinture ne fera qu'attendrir pour les objets intéressans. Les sujets rendus par le chant, émouvent, excitent, troublent l'ame, & par la Peintute, n'excitent que son admiration, ou, tout au plus, son étonnement. La musique est aux passions ce que la Peinture est aux actions, l'une représente les ames, l'autre les corps.

Refutation d'un Livre intitulé : l'Art de faire & d'employer le Vernis.

Tous ceux qui ont traité des Vernis, & qui en ont donné des recettes, se sont rencontrés à peu-près, & n'ont différé que par leurs erreurs ; c'est ce qui fait dire à l'Auteur *de l'Art de faire & d'employer le Vernis*, qu'ils se sont répetés. Leurs erreurs ne sont que les matieres superflues ou quelquefois hétérogenes qu'ils ont mêlé avec les matieres propres à faire le Vernis, mais en si petite quantité, qu'elles ne pouvoient qu'altérer la qualité, sans cependant la détériorer entierement ; la cause de leurs erreurs se trouve dans leur maniere d'opérer ; c'est-à-dire, que jusqu'à présent fort peu de personnes savent, avec des doses vraies & des matieres convenables, faire des Vernis ; la crainte des accidens qui résultent souvent des opérations ne leur permet pas d'obtenir le degré de cuisson ou de fusion nécessaire à la perfection des Vernis.

Cette crainte subsistera toujours chez ceux qui ne connoissent pas la nature des matieres qui entrent dans la composition des Vernis, & leurs Vernis ne seront jamais bons; de cette crainte resulte la différence des doses qui sont cause qu'un Vernis gerse, & qu'un autre ne seche pas : de-là il arrive que l'un dans l'espoir de l'empêcher de gerser, & l'autre de le faire sécher, met dans sa composition plus ou moins de ce qu'il y croit nécessaire pour parvenir à ses fins, & qu'il mêle aux matieres propres à faire le Vernis des ingrédiens, sinon nuisibles, tout au moins inutiles.

Il faut passer aux anciens traités des Vernis, leurs erreurs, leurs inutilités; l'on peut même supposer qu'ils ne savoient pas mieux; & que les recettes qu'ils ont donné pour faire des Vernis, étoient les meilleures de leurs tems, quoiqu'elles ne valussent rien ; mais à présent que les Vernis sont connus, l'on ne peut pas pardonner à un Contemporain, *l'Auteur de faire & d'employer le Vernis*, ses erreurs & ses inutilités ; parcourons ce Livre & voyons ce qu'il contient.

C'est sur la prétendue ignorance de ses Confreres & sur les débris d'une famille qu'il anéantit, que cet Auteur, que je nommerai par la suite le Manipulateur, (qualité qu'il s'est donné dans sa Préface) prétend s'élever en disant que ses Vernis passent pour les plus beaux de Paris, qu'il en fournit dans toute la France & dans toutes les contrées de l'Europe ; le Manipulateur croit-il abuser le Public & le prévenir pour lui ? S'il avoit réfléchi que ce propos n'en peut imposer qu'à quelqu'un confiné dans la campagne, & que perſonne n'ignore que nombre de Peintres qui ont fait & font journellement de très-beaux ouvrages, font leurs vernis eux-mêmes ou les achettent chez d'autres que chez lui, ſans doute qu'il ne l'auroit pas avancé. Prévient-il ou indiſpoſe-t-il? S'il prévient quelques perſonnes qui ignorent ce qui ſe fait à Paris, il indiſpoſe contre lui les Artiſtes qu'il prive d'une partie du mérite de leurs ouvrages, & les Marchands de ſon eſpece, à l'excluſion deſquels il ſe donne pour le ſeul capable de faire de beaux Vernis.

La Fontaine, Liv. IV, Fable VII.

Quand on ſe concentre dans l'égalité, l'on eſt rarement expoſé aux examens; c'eſt en prétendant abaiſſer ou ſurpaſſer les autres qu'on ſe fait, pour ainſi dire, analiſer même par les perſonnes les moins jalouſes de leurs talens, & les plus pénétrées de charité.

Quels peuvent être les ſentimens de Martin, quand il lit que le Manipulateur

lateur *fait* (1) *& vend les Vernis gras ou à l'huile, tels que les beaux Vernis blancs au copal, ainſi que le faiſoit le fameux Martin?* Ne ſemble-t-il pas que cette famille eſt éteinte, & qu'il ne reſte des Martins que le ſecret de faire & d'employer le Vernis, tranſmis au Manipulateur? Laiſſons à Martin le ſoin de réclamer, & parcourons le livre du Manipulateur; peut-être qu'il nous dédommagera par de bonnes recettes & de bons procédés.

Nous ne nous arrêterons point à examiner s'il y a des gommes réſineuſes qui fondent partie dans l'eau, partie dans l'eſprit-de-vin, ni ſi le camphre, parce qu'il eſt une réſine légere & fort volatile, peut rendre, comme dit le Manipulateur (2), le Vernis liant & l'empêcher de gerſer; parce que quand on fera attention qu'il eſt léger & vo-

(1) Préface, page 8.

(2) Page 24.

latil, l'on dira & l'on raiſonnera juſte; puiſqu'il eſt léger & qu'il s'envole, il ne peut laiſſer rien de lui dans le Vernis que la faculté de gerſer.

Nous ne ferons pas attention, à ce qu'il dit, de la gomme lacque en grains (1); que *c'eſt ce qu'il y a de plus groſſier, après qu'on en a ſéparé le plus pur qu'on a mis en larmes par la fuſion de cette gomme qui nous vient en nature en branches, ſur leſquelles des fourmies volantes l'ont dépoſée*; parce que tout le monde ſçait que cette gomme en grains, n'eſt autre choſe que celle ôtée de deſſus le bois ou les branches qu'elle environne, concaſſée & tamiſée, & non pas fondue.

Peut-on accorder au Manipulateur que le ſuccin, ambre ou karabé & la gomme copale, ſoient des bithumes de même nature & puiſſent être rangés (2) dans la même claſſe, quand on

(1) Page 26.

(2) Note, page 36.

est certain que le premier est le produit immédiat de la terre, qu'il se ramasse dans les montagnes de la Poméranie & sur les côtes de la mer Baltique, & que la gomme copale découle d'un arbre qui croît dans le Septentrion de l'Amérique, & que les Espagnols l'apportent de la Vera-Crux.

Nous n'examinerons point si le copal ou la copale est du genre masculin ou féminin (1); toutes les fois qu'il fera de bon & beau Vernis, nous serons contens de son sexe.

L'on nous reprochera peut-être de n'entendre pas ou d'être d'accord du contenu au Chapitre IVe. de la façon de préparer les liqueurs, les matieres, & de les mélanger; nous passerons pour convenir que l'esprit-de-vin, *cette liqueur si volatile qu'elle ne laisse rien dans le Vernis, en est cependant la base & les rend brillans, légers*

(1) Note, page 36.

& limpides, après en avoir fixé la facile évaporation, en lui incorporant quelque matiere (1) *qui conserve son liant*, pour n'avoir pas à combattre un raisonnement aussi absurde.

Nous permettrons au Manipulateur de dégraisser son huile de lin, en faisant évaporer toutes ses parties aqueuses (2), & de l'incorporer ensuite avec ses gommes, sous la dénomination d'huile grasse, & nous ne ferons qu'une légere attention à sa maniere de composer, tant à l'esprit-de-vin, qu'à l'huile & à l'essence (3), tous ses Vernis; cependant, nous observerons ses inutilités ou superstitions, telles que le mastic (4), le camphre, la gomme élémy avec le sandarac.

Quand on lit la recette qu'il donne

(1) Page 46.

(2) Page 53.

(3) Page 52.

(4) Page 78.

pour faire le Vernis à l'esprit-de-vin, composé de sandarac, térébentine de Venise, mastic en larmes, qu'il destine pour les découpures, les écrans, les bois d'éventail, l'on se persuade qu'il a prévu que ce Vernis n'auroit point d'odeur, ou du moins qu'il en a purgé les matieres qui entrent dans sa composition, puisqu'il les destine pour les découpures dont on orne les cabinets, les écrans & les bois d'éventail que l'on tient dans les mains, les étuis que l'on porte dans ses poches; l'on voit néanmoins qu'il dit après que ce Vernis jette de l'odeur, & que pour cela *il n'est pas propre pour les lambris d'appartemens* (1), *mais qu'il en a composé un qu'il débite avec grand succès, lequel, loin de donner de l'odeur, emporte même celui des couleurs à l'huile, & n'en laisse absolument aucun.*

Le Manipulateur a bien peu de con-

(1) Page 79.

ſidération pour les mitaines des Dames qu'il empoiſonne de l'odeur de ſon Vernis à bois d'éventail & d'étuis; il devoit bien lui ſubſtituer ce Vernis qui n'a point d'odeur, *qu'il compoſe pour les lambris & qu'il débite avec grand ſuccès*. Ce Vernis, dont il ne donne pas la recette, ne jette-t-il pas quelque odeur de charlatannerie ?

Paſſons au Vernis pour les violons & les inſtrumens de muſique. *Mettez*, dit le Manipulateur, *dans une pinte d'eſprit-de-vin, quatre onces de ſandarac, deux onces de gomme lacque en grains, deux onces de maſtic en larmes, une once de gomme élémy* (1)*; faites fondre ces gommes à petit feu; faites leur faire quelques bouillons, enſuite incorporez-y deux onces de térébentine.*

La multitude des matieres employées à la compoſition de ce Vernis, ne permet pas aux Luthiers de le recon-

(1) Page 79.

noître pour le leur. Multitude prohibée par le Manipulateur même, en ces termes, page 73, *le vrai ſecret de l'art eſt d'être ſimple dans ſes procédés, cette ſimplicité que l'on n'acquiert que par une longue expérience, paroît à l'ignorant l'ignorance de l'art; il ne croit aux effets que par la quantité, & c'eſt toujours la multiplicité qui les détruit.* Le Manipulateur n'obſerve pas la ſimplicité qu'il aſſure être le ſecret de l'art; il a prononcé contre lui; en effet, dans toutes les recettes qu'il donne, il y a des matieres qui ſe contrarient & qui ne ſont nullement propres à la compoſition des Vernis.

Le Manipulateur n'indique point la maniere de préparer les ingrediens (1) pour faire le Vernis à l'or, il ſe contente de dire d'en tirer les teintures & de les incorporer dans de l'eſprit-de-vin. Ces teintures ſont-elles des ſubſ-

(1) Page 80.

tances solides ? Comment procéder à cette opération ? Le Manipulateur l'ignore-t-il, ou s'il en fait mystere ? D'après ce qu'il a promis dans sa Préface, page viij, il faut supposer qu'il l'ignore.

Il ne seroit pas juste de quitter les Vernis dans lesquels il entre de la térébentine, sans observer que le Manipulateur en ordonne l'usage sans en prescrire la préparation ; cependant, il est averti par la recette du Vernis italien de Christophe Lorce Morley, qu'il réfute (1), que la térébentine contient des parties aqueuses qui, quand elles sont évaporées, laissent la térébentine capable de faire elle seule un Vernis ; qu'il suffit de lui rendre son fluide par quelque liqueur spiritueuse, telle que l'huile de térébentine qui lui est homogene.

Le Manipulateur n'apperçoit pas

(3) Page 36.

que ce Vernis italien n'eſt autre que ſon Vernis d'Hollande, mieux raiſonné & meilleur que celui dont il donne la recette (1). Son prétexte de réfutation eſt que, *ce procédé où il n'entre pas d'huile, ne peut donner aucune conſiſtance au Vernis; qu'il n'y a pas grand avantage à réduire ainſi la térébentine à ſec.*

Ce raiſonnement du Manipulateur eſt-il ſenſé? *Ce Vernis* n'a point de conſiſtance parce qu'il n'y entre pas d'huile. En employe t il dans ſes Vernis clairs, Vernis pour les boiſeries, vernis pour le vermillon? Tous les Vernis dont il a donné la recette, ne valent donc rien, parce qu'il n'entre pas d'huile dans leur compoſition? Où a-t-il vu que la térébentine & l'huile ſe rencontroient dans la compoſition d'un même Vernis? Ce Vernis n'eſt pas bon parce qu'il n'y entre pas d'huile!

---

(1) Page 154.

Cependant il y a de l'eau dans la térébentine, plus ou moins dans les différentes especes; & puisque le Manipulateur ne l'a fait pas évaporer, ses Vernis, dans la composition desquels il entre de la térébentine, ne valent rien : car l'eau, comme il le dit lui-même (1), l'altere, le détruit, le corrompt.

Passons aux recettes qu'il donne des Vernis à l'huile.

Sur une livre de copal fondue, jettez quatre, six ou huit quarterons d'huile (2) *cuite & dégraissée.*

Suivant cette recette il est indifférent de mettre l'huile en égale quantité de la gomme, ou d'en doubler la dose; cependant, dans les Vernis gras colorés, il dit : *prenez huit onces d'ambre* (3), *deux onces de gomme lacque, que vous ferez fondre séparé-*

(1) Page 10.
(2) Page 81.
(3) Page 84.

ment; *lorsqu'elles seront mêlées, incorporez-y demi-livre d'huile de lin cuite & préparée.*

La dose des gommes est indiquée d'un quart plus forte que celle de l'huile; & dans son Vernis, pour les trains (1), la dose des gommes est double de celle de l'huile. *Sur une livre de sandarac fondue, incorporez une demi-livre d'huile de lin cuite.*

Le Manipulateur suppose ou donne à croire qu'il est persuadé que le copal plus dur que le sandarac, doit être abreuvé de trois fois plus d'huile; mais s'il pense ainsi, pourquoi réduit-il l'ambre à partie égale d'huile? L'ambre qu'il dit, *page 27*, dur comme la pierre; c'est, sans doute, faute de réflexion, ou pour que ses doses soient variées. Ce ne doit pas être faute de réflexions; les doses doivent d'elles-mêmes sortir exactes de la plume d'un

(1) Page 85.

homme qui fait ou doit faire tous les jours des Vernis, pour être en état d'en fournir, non-ſeulement *à toute la France; mais encore dans toutes les Contrées étrangeres.* Si c'eſt pour varier ſes doſes, il auroit dû s'accommoder avec le vraiſemblable, & doſer la gomme la plus dure, l'ambre, d'une plus grande quantité d'huile.

L'obſervation qu'il fait, *page 54, la trop grande quantité d'huile dans les Vernis l'empêche de ſécher; & quand il n'y en a pas aſſez, il eſt ſujet à gerſer; la doſe ordinaire eſt, ſur une livre de copal ou de ſuccin, depuis un quarteron jusqu'à une demi-livre*, n'eſt pas d'accord avec les trois recettes qu'il vient de donner: le Manipulateur ſe contredit lui-même, parce qu'il parle de ce qu'il ne ſçait pas.

Le Manipulateur réfute, ſans reſpect, tous les Vernis (1) qu'on a juſ-

(1) Page 82 & 83.

qu'à présent fait & employé sur les tableaux, *parce qu'ils font gerser les couleurs, qu'ils les empâtent & voilent les draperies, empêchent qu'on ne puisse les nettoyer; cependant il en a vendu long-tems de tel, mais l'expérience lui en a fait trouver un qui nourrit parfaitement la toile, maintient les couleurs dans leur état, & qu'on peut enlever sans dégrader les sujets.* Puisque le Manipulateur n'en donne pas la recette & qu'il ne dit pas comment il l'emploie, il faut supposer que ce Vernis, qui nourrit la toile, est composé de matieres homogenes, ou qui ont de la simpathie avec le chanvre, le lin & toutes les couleurs; &, qu'appliqué sur la toile, il la pénetre, passe à travers les couleurs & se répand sur leur surface; ou, qu'appliqué sur les couleurs, il les pénetre & va trouver la toile qu'il abreuve & à laquelle il s'acroche; l'on peut renvoyer ce Vernis à l'observation qu'on a fait de celui à lambris, ci-devant pag. 38.

Nous passerons sous silence le Chapitre sixieme, intitulé : *Corps d'observations & masse de connoissances sur le succin & le copal* (1), parce qu'il ne concerne pas le Vernis. Ce qu'il intitule *Réflexions*, ne mérite pas plus d'attention (2), à moins que ce ne soit pour appercevoir la conséquence de ses raisonnemens & l'invitation qu'il fait aux Académies de l'Europe de s'intéresser *à la perfection des Vernis, cet art si utile; en proposant à l'émulation les questions suivantes, &c.* nous préférons les résoudre en peu de mots, quand nous traiterons des Vernis gras.

Après avoir parcouru cent dix huit pages d'un *in-octavo*, nous avons trouvé la fin de le premiere Partie d'un Livre intitulé : l'*Art de faire & d'employer le Vernis*. Cette premiere Partie nous est annoncée l'*Art de faire le Vernis*. Nous

(1) Pages 86-106.

(2) Pages 109-118.

avons lu, dans la Préface, que plusieurs livres avoient traité des Vernis, mais n'avoient donné que de fausses recettes; le Manipulateur nous en promet de vraies qu'il a acquises par une expérience de trente ans; il nous fait espérer qu'il nous enseignera la maniere de faire les Vernis les plus brillans, les plus solides; c'est dans cet espoir que nous avons parcouru avec avidité la premiere Partie de son Livre; quel est le fruit de notre lecture? Le desir de nous instruire n'est-il pas bien satisfait quand nous appercevons que le Manipulateur nous refuse la composition de deux Vernis qu'il dit débiter *avec grand succès*, & qu'il ne nous donne que quelques recettes aussi fausses & aussi mal combinées que celles qu'il a réfutées. Passons à la seconde Partie; nous appercevrons dans quel esprit le Manipulateur a fait imprimer un Livre.

La ſeconde partie eſt intitulée : l'*Art d'employer le Vernis.*

Rien de plus impoſant que la Préface. Le Manipulateur (1) *doit ſes connoiſſances à trente ans d'uſage ; la pratique, en fait d'art, vaut mieux que la ſpéculation ; c'eſt à ce grand uſage qu'il doit la perfection de ſon art, l'étendue de ſon commerce & la réputation de ſes Vernis qui paſſent pour les plus beaux de Paris.*

Rien de tant abuſif que l'introduction à l'Art d'employer le Vernis.

Il eſt facile d'appercevoir que le Manipulateur n'a pas d'autre intention que celle de vendre & ſes Vernis & ſes Couleurs aux perſonnes crédules qui deſirent économiſer dans la dépenſe qu'une propreté requiſe exige d'eux ; car après leur avoir donné de fauſſes recettes pour faire des Vernis,

(1) Préface, page 8.

il

il leur persuade de n'en faire aucun, *en disant que le Vernis demande tant de soin pour le faire, une attention si suivie pour les incorporations, une vigilance si précise pour maintenir, forcer ou calmer le feu, qu'il n'y a qu'une très-longue habitude qui puisse donner le vrai tact de sa composition, & faire garantir des divers dangers qui naissent quelquefois de la violence de la chaleur; qu'il n'est pas à présumer que les Amateurs ou ceux qui peuvent en avoir besoin accidentellement, s'occupent de sa composition; qu'il leur est plus utile de connoître de quelle maniere on l'employe*; & pour le persuader de faire employer, par leurs domestiques, les Couleurs & les Vernis pris chez lui, il décrédite, sous le titre charitable d'*Instruction*, les connoissances des Artistes; connoissances acquises & par l'habitude du travail & par les réflexions. *Cette connoissance que nous donnons au Public*, dit le Manipulateur, *est avantageuse, non-seule-*

ment pour l'instruction des Artistes, *mais encore pour ceux qui, faisant travailler par économie, sont curieux de suivre eux-mêmes les opérations de leurs Ouvriers*; & parce que le Manipulateur entreprend la Peinture en même tems qu'il vend des Couleurs & des Vernis, il n'a pas obmis d'exalter le mérite de quelques Artistes au-dessus desquels il se place comme Professeur de l'Art, & de faire valoir *leurs soins & leurs détails innombrables* pour obtenir un salaire proportionné à leurs soins & à leurs dépenses.

En réfléchissant sur *les soins & les détails innombrables* qu'il dit que demande l'emploi des Couleurs, & l'instruction dont il prétend que les Artistes ont encore besoin, il vient nécessairement à l'esprit que quand bien même l'on employeroit de bonnes couleurs bien apprêtées, l'on fera de mauvais ouvrage si l'on n'a pas l'habitude de les employer, & si l'on n'est pas consommé dans l'Art; si le Manipulateur avoit prévu cette réflexion, il ne lui auroit pas donné occasion de naître.

Voyons comment il enseigne l'emploi des Couleurs & l'application des Vernis, & quelles sont les instructions qu'il donne à ses Confreres les Peintres en bâtimens.

Le Chapitre premier traite de l'application des Vernis en général; ses préceptes, à cet égard, sont usités de tous les Peintres qui sont placés & qui ont des ustensiles propres à l'exécution; il les tient de ceux qu'il prétend instruire, à l'exception du réchaud de Doreur (1), dont les bons Vernis gras n'ont pas besoin, & que les bons Doreurs craignent, parce qu'il fait des taches, ou tout au moins des nuances.

La premiere section de l'application des Vernis sur des sujets nuds, n'est

(1) Page 128, Précepte 2.

autre chose que la manœuvre ordinaire des Ouvriers qui vernissent après avoir encolé ou sans encolage.

La seconde de l'emploi des Vernis sur des sujets colorés, fait l'éloge de la Peinture, qui seule peut être dit Art, parce qu'elle imite parfaitement les objets que produit la nature, mais dont le Manipulateur n'entend point traiter, & se divise en deux articles, dont le premier traite des Couleurs en général.

N'attribuons point au Manipulateur les raisonnemens erronés de cet article; il a prévenu le Public qu'il n'étoit pas Physicien; ses Collégues connoissent ses lumieres & ses talens: mais ce grand homme, *qui par état* (1) *se livre aux importantes fonctions du Barreau, qui par goût chérit & cultive les Arts, & qui a bien voulu quelquefois se dérober aux regards de Thémis, pour*

(1) Préface, page xv.

rendre, en secret, son hommage à Minerve, qui a bien voulu recevoir le Manuscrit du Manipulateur, pour le mettre en état de paroître en public; cet homme dont on ignore le nom, ignore les Couleurs, leurs dénominations, leurs qualités, leurs mélanges. Dans quelle physique a-t-il trouvé qu'une teinte produite du mélange de plusieurs couleurs est une couleur primitive, & qu'une couleur simple est secondaire ?

L'orangé, le verd, le violet & leurs nuances sont, dit-il, *des couleurs primitives* (1), *la réunion & la confusion dans la même densité des sept couleurs primitives produisent le blanc, & leur absence le noir.*

C'est mal comprendre & singulierement interprêter le sistême de Newton; c'est faire dériver la lumiere des couleurs, pendant que Newton & tous les Philosophes conviennent que les

(1) Page 135.

couleurs ſont le produit de la lumiere.

Les rayons du ſoleil qui nous éclairent, ou la lumiere, quoiqu'ils nous paroiſſent blancs, contiennent en eux toutes les couleurs qu'on ne peut appercevoir que par leur réfraction.

Quant à la phyſique des couleurs terreſtres, il n'en raiſonne pas mieux.

La phiſique terreſtre, au contraire dans les ſubſtances qu'elle offre, ſemble un peu contrarier ce ſiſtême (1) ; car le noir eſt une couleur poſitive ; le blanc eſt une couleur exiſtante par elle-même, ce n'eſt point une compoſition des autres couleurs mélangées.

En raiſonnant pour lui, il ſuit cette conſéquence ; donc le noir & le blanc ſont des couleurs primitives.

Elle ne préſente pour couleurs primitives que le rouge, le jaune & le verd ; le bleu, l'indigo, le violet & l'orangé, ne ſe produiſent que par des compoſitions &

---

(1) Page 135.

des mélanges, & il est des couleurs secondaires qui sont le blanc & le brun, dont la terre fournit des matieres pures, sans qu'on soit obligé d'avoir recours à des mélanges.

Voilà le verd encore une fois rangé dans la classe des couleurs primitives; le bleu en est exclus aussi-bien que le violet & l'orangé, parce qu'ils ne se produisent que par des mélanges & des compositions. Quant au brun & au blanc, quoique la terre en fournisse des matieres pures, ils sont cependant des couleurs secondaires: quel galimatias!

Il faut ignorer exactement la physique des couleurs, pour n'admettre, pour couleurs primitives, que celles que la terre produit. Telles sont le verd qui se trouve dans les montagnes près de Véronne, ou celui qui se trouve en petits grains, comme du sable, dans les montagnes de Kernausen, &

non pas celui qui ſe compoſe (1) avec le ſtil de grain & le bleu de Pruſſe. Le jaune, l'ochre jaune qui nous viennent des mines du Berri, & non pas le ſtil de grain compoſé (2) avec la graine d'Avignon & le blanc de craye : quant au rouge, c'eſt peut-être la terre d'Italie, le minium ou l'ochre brûlé ; car le carmin, la laque, le vermillon, ſont des compoſitions.

Comment a-t-il pu ſe réſoudre à mettre dans la claſſe des couleurs ſecondaires *le blanc & le brun dont la terre fournit des matieres pures ?* C'eſt ſans doute par reſpect pour Newton qui lui enſeigne que le blanc eſt la réunion des rayons colorés du ſoleil ; le noir, l'abſence de la lumiere ; & s'il a eu la hardieſſe d'exclure de la claſſe des couleurs primitives le bleu, c'eſt

(1) Page 145.
(2) Page 143.

que l'indigo n'eſt point un produit immédiat de la terre, mais un ſuc de plantes qu'il a fallu travailler.

Ce n'eſt point la nature ou leur origine que les Phyſiciens conſiderent dans les couleurs pour les diſtinguer en primitives ou ſecondaires, c'eſt leur teinte ou pure, & ſimple, ou mélangée.

Nous ne diſcuterons pas ſon obſervation qu'il dit aſſez ſinguliere, & qu'il fait dans la comparaiſon du ſiſtême de la lumiere par rapport au blanc; nous le renvoyerons au ſiſtême de Newton, à l'harmonie des Couleurs, à l'Art d'imprimer des Tableaux.

Après avoir vu comment le Manipulateur raiſonne de la nature des Couleurs, de leurs qualités ou diſtinctions, examinons de quelle maniere il compoſe ſes teintes, c'eſt le ſujet de l'article troiſieme.

Des matieres qui entrent dans la composition des Couleurs.

L'on n'apperçoit dans cet article que des relations fausses & des avis faux. *L'on met de la ceruse dans toutes les couleurs* (1), *parce qu'elle les rend plus belles & plus brillantes.*

Le mélange du blanc rend les couleurs plus pâles ; sont-elles plus brillantes quand elles sont plus pâles ? Il a voulu dire que le blanc éclaire les couleurs.

Le blanc de Bougival a plus de corps, & se travaille (2) *plus aisément que le blanc de ceruse.*

Le blanc de Bougival n'a point de corps ; il est d'un mauvais emploi à l'huile, parce qu'il jaunit promptement, & à la détrempe il ne couvre pas autant que la ceruse ; ce blanc

(1) Page 137.

(1) Page 137.

est, dans les autres couleurs, un alliage que l'on devroit défendre aux Marchands qui vendent des couleurs broyées, parce qu'il est d'un mauvais usage.

La lacque, en général, est une espece de craye ; celle qu'on appelle rouge se fait avec de la bourre d'écarlate (1) *& de la teinture de bois de bresil ; il faut la choisir un peu transparente.*

De la craye transparente ! Le Manipulateur ne distingue point les deux sortes de lacque ; l'une tirée de la teinture de la cochenille & de l'aucus, rassemblée par les sels d'alun & de soude ; l'autre, une craye teinte de ces mêmes ingrediens que l'on nomme lacque platte, pour la distinguer de la premiere, & parce qu'on la trouve chez les Marchands en forme d'éclats de tuile brisée.

L'ochre est une terre d'un jaune doré (2) ;

---

(1) Page 130.
(2) Page 138 & 141.

on l'employe pour faire des jaunes chamois.

Le jaune de Naples sert aussi pour le fonds chamois (1) *& les beaux jaunes imitant l'or.*

Le stil de grain (2) *est une pâte teinte d'une décoction de graine d'Avignon ; il doit être de couleur jaune doré, & donne la couleur jonquille.*

L'ochre, le jaune de Naples, le stil de grain donnent indifféremment le jaune doré, le jaune chamois, le jaune jonquille ; le chamois & le jonquille sont cependant deux teintes bien distinctes l'une de l'autre, & le doré en est d'autant plus éloigné, qu'il approche plus du rouge : c'est bien peu connoître les couleurs, que de prétendre trouver ces trois teintes dans la même couleur.

Nous avons suffisamment fait voir

---

(1) Page 141.

(2) Page 143.

que le Manipulateur ne ſçait pas faire des Vernis, puiſque les recettes qu'il donne au Public, ne ſont pas propres à en faire de bons; qu'il raiſonne mal des couleurs, parce qu'il ne les connoît pas; nous nous diſpenſerons d'examiner les recettes qu'il donne des Vernis qu'il dit propres (1) pour détremper les couleurs à l'eſprit-de-vin, ou celles à l'huile, pour n'avoir pas la peine de les réfuter; nous paſſerons même ſous ſilence le mélange qu'il fait des couleurs pour trouver telle ou telle teinte qu'une ſeule couleur procure même ſans l'addition du noir ou du blanc, telles que le jaune de Naples pour le chamois, l'orpin doré pour l'aurore; &c. mais le Manipulateur ne ſe permet pas d'être ſimple & net dans ſes procédés, il ne ſe croit de mérite qu'autant qu'il fait de mélange; ſon ridicule ſe porte juſqu'à mêler

(1) Page 133.

daux ſortes d'huiles (1), *lorſqu'on veut blanchir des vaſes.*

Dans les obſervations que le Manipulateur fait ſur les maladies appellées *Colique de Peintre* (2), nous croyons trouver un faux raiſonnement; nous l'expoſerons & y oppoſerons notre ſentiment; le Public, après en avoir jugé, en fera l'uſage qu'il lui plaira.

Il a raiſon de dire que la Colique des Peintres (3) ne frappe pas ſeulement ceux qui employent les couleurs, il eſt certain que les Fondeurs y ſont encore plus expoſés, à cauſe de l'arſenic qui s'évapore des métaux, quand ils les mettent en fuſion & qu'ils en reſpirent la fumée, telle précaution qu'ils prennent pour l'éviter; mais je crois qu'il ſe trompe quand il dit que la Peinture à l'huile eſt plus

---

(1) Page 186.

(2) Pagé 192.

(3) Page 194.

capable de donner la Colique que celle en détrempe : il donne pour raiſon, *que l'eau, la colle & les terres que l'on employe dans la détrempe* (1), *n'offrent rien de mal ſain dans les broyemens & dans l'emploi, au lieu que dans la Peinture à l'huile, la ceruſe, la litharge, le blanc de plomb, les orpens, les maſſicots qu'on employe à l'huile, peuvent engendrer des maladies.*

Le Manipulateur ſemble oublier qu'il employe le blanc de ceruſe & le blanc de plomb dans ſes teintes (2), blanc blanc (3), verd d'eau (4), verd de compoſition (5), gris de lin (6), gris de perle, & qu'il compoſe le jaune citron (7) avec de l'orpin rouge

(1) Page 195.
(2) Page 154.
(3) Page. 155.
(4) Page 156.
(5) Page 157.
(6) Page 158.
(7) Page 173.

& de l'orpin jaune, ſon blanc argentin (1) de blanc de ceruſe & de blanc de bougival, ſon blanc de roi (2) de blanc de ceruſe, de blanc de plomb avec un quart ſeulement de blanc de bougival, ſon chipolin gris (3) de blanc ce ceruſe bien tamiſé.

Les différentes teintes de la détrempe ſont donc compoſées des mêmes matieres que celles de la Peinture à l'huile, juſques-là le danger de la Colique eſt égal aux deux genres de Peinture, & les deux genres de Peinture expoſent également à prendre la Colique dans les mêmes matieres qu'ils employent. La différence de leurs apprêts eſt que, pour la détrempe, il faut mettre en poudre & paſſer au tamis de ſoie avant que de broyer les matieres à l'eau, & que pour la Peinture à l'huile on enveloppe d'huile

(1) Page 174.

(2) Page 178.

(3) Page 177.

les matieres avant que de les broyer & ſans les mettre en poudre.

Le Public jugera lequel des deux apprêts eſt le plus dangereux, ou celui de mettre en poudre, opération qui non-ſeulement fait voler une pouſſiere qu'on reſpire inévitablement, & occaſionne une chaleur qui excite des vapeurs que l'on reſpire encore, ou celui de broyer les couleurs enveloppées d'huile.

Le Manipulateur ſe croit échappé de tous les dangers à l'abri de la colle & de l'eau, dont il a enſuite enveloppé ſes matieres, & prétend que l'huile ne peut pas procurer les mêmes effets; qu'au contraire, elle fait fermenter les couleurs & en ſuſcite des exhalaiſons.

Notre ſentiment eſt que l'eau, pendant les apprêts donne de l'action aux ſels & aux ſouffres contenus dans les matieres; qu'elle y occaſionne une fermentation inſenſible, excite une évaporation inviſible des ſels & des ſouffres que les Ouvriers ne respirent pas moins qu'en les mettant en poudre ; & qu'au contraire, l'huile, de son corps gras, enveloppe tellement les matieres, qu'il en fixe les souffres & en émousse les sels.

Il ne s'agit plus à présent que de l'odeur de la couleur employée à l'eau, & de celle employée à l'huile.

Nous ne conviendrons pas que la couleur employée à l'huile, exhale plus long-temps de l'odeur que la couleur employée à l'eau ; qu'au contraire, nous avons démontré que l'huile fixe les souffres, émousse les sels des couleurs, & par conséquent en arrête l'odeur ; mais nous avouerons que l'eau n'a point d'odeur ou très-peu, & que l'huile en a.

Les couleurs employées n'ont plus d'odeur, excepté l'orpin & le verdet qui conservent encore long-temps les leurs, soit qu'ils soient employés à l'huile ou à l'eau ; c'est seulement parce que l'huile continue quelque-temps son odeur que l'on employe dans l'intérieur des appartemens celles qui en ont le moins ; telles sont l'huile d'œillet & l'huile de noix ; l'huile de lin en est exclue, mais on s'en sert pour les dehors, parce qu'elle est plus solide & plus durable : si l'on n'étoit pas pressé de jouir, on se serviroit d'huile de lin par-tout, parce qu'enfin elle perd son odeur avec le temps.

Nous conviendrons de la note du Manipulateur, sur un Avis inséré dans les Affiches de Province, que l'odeur des huiles n'est pas funeste ; nous osons dire qu'elle n'est pas même fâcheuse, puisque les Ouvriers qui la fabriquent, qui en sont empreints, qui ne prennent aucune précaution pour leurs mains qui en sont toujours imbues, n'en sont jamais incommodés : mais nous ne conviendrons pas que, du mélange de l'huile avec les matieres colorées, résulte une odeur qui soit à redouter :

nous venons de prouver le contraire ; & si l'huile de lin pouvoit se dépouiller de son odeur, elle seroit préférable aux autres, & même à la détrempe, qui loin d'arrêter les sels & les souffres des matieres qu'elle lie, leur donne de l'effort.

Le Jardinier, dont le Manipulateur nous raconte l'accident, d'après M. Tissot, étoit dans le cas des Fondeurs; il brûle dans un lieu clos de vieux treillages empreints de verd-de-gris & de ceruse, c'est mettre le cuivre & le plomb en fusion ; il n'est pas étonnant que le sel arsenical, que le feu a chassé de ces métaux, ait frappé ceux qui se chauffoient à ce feu, & quils ayent eu, comme le raconte M. Tissot, des Coliques occasionnées par la vapeur des métaux : un pareil procédé peut faire plus de mal en une demi-heure, que l'emploi ou l'usage des couleurs en un demi-siecle.

La Colique n'est point un accident

que les Peintres ne puissent pas éviter, s'ils prenoient des précautions pour ne pas respirer, soit par le nez soit par la bouche, les couleurs qu'ils pilent, s'ils ne mettoient pas leur pain dans leurs tabliers chargés de la poudre des couleurs pilées, s'ils secouoient leurs habits, s'ils lavoient leurs bras & leurs mains avant de toucher à leurs alimens (1); enfin, s'ils n'introduisoient

(1) Pendant que l'Auteur écrivoit cette Réfutation, il travailloit à dépouiller l'huile de lin de ses crasses fétides de son odeur & de sa couleur; il cherchoit aussi à purger les matieres colorées de leurs sels, de leurs souffres & de l'arsenic; il a préféré l'huile de lin à toutes les autres, parce qu'elle est la plus propre & la meilleure pour la Peinture & les Vernis; la réussite a répondu à ses soins & à son travail; il a tellement purgé l'huile, que non-seulement il l'a dépouillée de ses crasses & de son odeur, mais il l'a rendue incorruptible & brillante. Il a purgé les couleurs de leurs crasses, de leurs sels & de leurs odeurs, à l'exception de l'orpin qui conserve encore un reste de son odeur.

pas de couleurs dans leur estomac, ils n'auroient jamais la Colique : c'est le meilleur avis qu'on puisse leur donner contre cette maladie, avis confirmé par l'expérience de tous les Peintres qui ont échappé à ce mal par ces précautions.

De la nature & de la composition des Vernis.

Les hommes ſont admirateurs de leurs productions, rien n'a pu, juſqu'à préſent, les corriger de cette prévention ; leurs ſentimens ſont les Idoles qu'ils adorent : d'après cette réflexion l'Auteur ne s'oppoſera pas diamétralement à la maniere de penſer ni d'opérer des perſonnes qui font & qui employent des Vernis, il ſe contentera de la rapporter. Sans prétendre combattre ni convaincre, il haſardera légerement ſon raiſonnement & ſa maniere d'opérer ; chacun en fera l'uſage qu'il lui plaira.

Si quelqu'un par un intérêt particulier ſçait mauvais gré à l'Auteur d'avoir divulgué les Vernis, d'autres, en plus grand nombre, lui en ſçauront bon gré par la raiſon oppoſée, & le premier y acquérera quelques connoiſſanſances qui lui feront faire de meilleurs Vernis; enfin, l'Auteur ne peut prouver que *le Manipulateur*, *Auteur de l'Art de faire & d'employer le Vernis*, abuſe le Public, donne de fauſſes recettes & ne ſçait pas faire des Vernis, qu'en donnant au Public de bonnes recettes qui le déſabuſent.

PREMIERE PARTIE.

De différentes Eſpeces de Vernis.

LES Vernis ſe diſtinguent ſous trois eſpeces, les maigres, les gras, les neutres.

Les maigres ſont composés d'eſprit-de-vin, de térébentine & de gomme: tels ſont, 1°. les Vernis blancs pour les découpures, les peintures à la détrempe, blanches ou approchantes du blanc, & qui s'employent auſſi ſur des ouvrages colorés peints en détrempe.

2°. Les Vernis demi-blancs, dont on fait uſage pour les boiſeries ou tout autre ouvrage en détrempe qui eſt moins ſuſceptible de taches, de nuances que le blanc.

3°. Le Vernis ou Vermillon ainſi nommé, parce qu'il s'employe avec le Vermillon même; on en fait uſage pour les caroſſes de deuil & pour tout ce qui n'a pas beſoin d'un Vernis exactement blanc.

Les Vernis gras ſont compoſés d'huile éthérée de térébentine, d'huile de lin, ou de noix, ou de pavot & de gomme; plus ſolides que les maigres, ils s'employent ſur les métaux, & généralement ſur toutes les peintures en huile : ils peuvent auſſi s'employer ſur une détrempe bien encolée; ils ſervent à vernir des tabatieres & des étuis, tous autres bijoux ou meubles expoſés à l'injure du temps, aux fréquens attouchemens & à la fatigue.

Les Vernis neutres ſont compoſés de gomme & d'eſprit-de-vin ſeulement, ou de térébentine, de gomme ou de résine, & d'éssence térébentine.

ARTICLE PREMIER.

Des Vernis maigres.

LES Vernis maigres, distincts en trois nuances, ne sont qu'un, mais ils different par la netteté, la propreté des ingrediens qui les composent, & aussi par la dose des matieres.

Parce que la plus solide des matieres qui composent les Vernis maigres, est la térébentine, l'Auteur dit qu'elle est la base de ces Vernis ; c'est elle qui lui donne son brillant, son transparent & son corps, ce que ne peut faire l'esprit-de-vin qui s'évapore, ni la gomme qui, après l'évaporation de l'esprit-de-vin, qui la tient divisée, retourneroit en masse opaque, facile à pulvériser dans les doigts. La térébentine fait, elle seule, une espéce de vernis, & mérite bien la qualité de base des Vernis dans lesquels elle est employée. Ce sentiment differe (1) de celui du Manipulateur.

Presque tous ceux qui frabriquent ces Vernis, les font au bain-marie; ils évitent, par ce moyen, les incendies auxquels sont exposés ceux qui les font à feu nud; ils ont encore une autre raison, celle de conserver la blancheur de leurs ingrediens; ni l'une ni l'autre considération ne retient l'Auteur; il les fait à feu nud, par l'observation qu'il a faite que la térébentine n'exhale son humidité en totalité & n'acquiert un parfait transparent qu'à feu nud: observation que n'a pas fait le Manipulateur (2); préparation qu'il n'a point prescrite.

Presque tous les Vernisseurs se servent de vaisseaux de cuivre pour les Vernis maigres & beaucoup plus de

(1) Réfutation, page 35.

(2) Réfutation, page 40.

vaiſſeaux de terre pour les Vernis gras : leur raiſon eſt qu'il ſe fait moins d'évaporation de l'eſprit-de-vin dans un vaiſſeau de cuivre qui peut ſe fermer bien exactement, que dans un vaiſſeau de terre, & que le Vernis gras ſe colore moins dans un vaiſſeau de terre. L'Auteur eſt de leur avis, quoiqu'il ſe ſerve pour l'un & pour l'autre d'un vaiſſeau de cuivre.

Comme chaque Verniſſeur a ſa doſe particuliere, & que cependant ils trouvent tous leurs Vernis meilleurs que celui des autres, l'Auteur ne hazardera pas de donner des doſes fixes ; il eſt d'ailleurs trop ſincere pour le faire, ayant éprouvé, depuis trente-quatre ans qu'il fait des Vernis, que l'action du feu plus ou moins violente, une matiere, la térébentine, ou l'huile plus ou moins chargée d'eau ou de flegme, une gomme plus ou moins altérée, changent le rapport des doſes, qui n'eſt jamais qu'entre la gomme & la térébentine ou entre l'huile & la gomme ; l'esprit-de-vin, l'huile ethérée de térébentine s'y mêlent à discrétion, pour rendre le Vernis plus ou moins brillant, & ne sont pas susceptibles de dose. L'Auteur indiquera seulement les doses les plus approchantes du vrai & de la possibilité de faire un bon Vernis ; il ne parlera pas de ses doses, parce qu'il ne s'y assujettit pas, son expérience consommée & son habitude sont ses poids & ses mesures ; guidé par eux, il conduit ses Vernis au dégré qu'il les souhaite, ce sont eux qui le défendent & l'ont défendu jusqu'à présent contre les accidens qui naissent des opérations & qui l'ont garanti des incendies ; ancun Vernisseur ne peut tenir ce langage.

Vernis blanc.

Ce Vernis se compose de sandarac, le plus blanc qu'on puisse trouver, trié, lavé ; de térébentine de Venise la plus blanche, la moins opaque, d'esprit-de-vin bien rectifié.

Opération.

Sur une partie de sandarac, mettez quatre parties d'esprit-de-vin dans un vaisseau de cuivre bien fermé, que vous posez sur un fourneau d'un feu doux & lent. Sur un autre fourneau d'un feu plus vif, mettez un autre vaisseau chargé de térébentine de Venise en triple quantité du sandarac; faites évaporer l'eau ou l'humide que la térébentine contient; pour le bien faire évaporer, il faut que la térébentine bouille à petits bouillons : quand vous croyez la térébentine suffisamment déflegmée (1), & que vous êtes certain que le sandarac est fondu (2), vuidez

(1) Quand la térébentine a acquis du transparent, l'on est assuré qu'elle est bien déflegmée.

(2) L'on est certain que le sandarac est fondu si, en remuant avec une spatule, l'on ne rencontre plus de grains entiers.

un vaisseau dans l'autre avec beaucoup de lenteur & de précaution, parce que la rencontre de ces matieres doit occasionner un effervescence qui prouve qu'elles s'accrochent & s'unissent parfaitement ; vous examinerez votre Vernis quand il sera demi-froid ; & si vous ne le trouvez pas assez liquide, assez coulant, vous y ajouterez de l'esprit-de-vin ce qu'il vous plaira.

Vernis demi-blanc.

Prenez une partie de sandarac de qualité inférieure au premier, quatre parties d'esprit-de-vin, quatre parties de térébentine Suisse ou Comtoise, & opérez comme pour le Vernis blanc.

Vernis au Vermillon.

Une partie de sandarac commun, cinq parties d'esprit-de-vin, quatre parties de térébentine de Bordeaux ; même opération qu'aux précédens.

Observation.

Il est permis à tous les Vernisseurs de dire que ces doses ne sont pas les leurs ; l'Auteur a prévenu que chaque Faiseur de Vernis avoit la sienne, & sa méthode particuliere, lui-même n'en fait aucun usage ; mais il les indique parce que ce sont elles qu'il apperçoit le plus souvent être celles qui font le Vernis à son desir ; celles qui, par conséquent, sont les plus vraies & les plus approchantes de la perfection des Vernis.

La nécessité de doser le Vernis demi-blanc & le Vernis au vermillon d'une plus grande quantité de térébentine, naît de ce que les térébentines de Suisse, de Comté, de Bordeaux, dont on compose ces Vernis, contiennent plus de flegme & plus de parties acqueuses que la térébentine de Venise dont on fait usage pour le Vernis blanc, & qu'après en être dégagées, elles

elles se trouvent en même poids, en même volume que la térébentine de Venise dégagée de son peu d'humidité.

Si l'on fait attention que la dose du sandarac commun est susceptible de déchet en fondant, à cause de quelque terre ou autre matiere hétérogene qui se trouve dans sa qualité commune, l'on sera surpris que ce Vernis ne soit pas dosé d'une plus grande quantité de gomme; mais si l'on considere que ce Vernis doit être employé avec le vermillon qui l'épaissit, on conviendra qu'il doit être tenu plus léger & plus coulant; & que si on lui donnoit la même consistance que s'il devoit être employé seul, il en auroit trop après son mélange avec le vermillon, il s'employeroit avec trop d'épaisseur, & couvriroit moins d'étendue; que de-là il feroit plus dispendieux à celui qui en feroit usage, parce qu'il employeroit davantage de vermillon, matiere chere par elle-même.

L'on représentera peut-être à l'Auteur qu'on auroit pu l'éclaircir, le rendre plus coulant en y mêlant davantage d'esprit-de-vin; mais il observera que le trop d'esprit-de-vin décompose le Vernis; qu'il n'auroit plus assez de corps pour porter le vermillon, qui par son poids se précipiteroit au fond du pot; la trop grande quantité d'esprit-de-vin ôte au Vernis son brillant, son luisant qu'on ne peut lui rendre qu'en augmentant le nombre des couches, ce qui devient encore dispendieux par le temps employé à la manœuvre: il est encore à considérer que les Vernis maigres sont sujets à gerser s'ils ne sont pas nourris de térébentine. L'on n'a rien prévu quand on n'a pas prévu tout.

Avertissement.

L'effervescence, incident annoncé *suprà* page 79, assure de la bonté du Vernis ; toutes les fois qu'il ne se fera point d'effervescence, il faut regarder le Vernis comme manqué. L'Auteur sçait qu'il révolte contre lui tous ceux qui font leurs Vernis au bain-marie ; il tâchera de les appaiser & de les convaincre par des raisonnemens probables.

Si ceux qui font des Vernis veulent convenir que la bonté des Vernis dépend du parfait mélange & de l'union indivisible des matieres qui les composent, il ne sera pas difficile de les convaincre ; & s'ils n'en conviennent pas, c'est qu'ils n'ont aucune notion de la nécessité du secours du feu.

Si l'union indivisible des matieres qui composent les Vernis n'étoit pas l'intention du Vernisseur, & si d'elle ne dépendoit pas la perfection des

Vernis, mais ſeulement du mélange des matieres, il ſuffiroit de pulvériſer le ſandarac, de le mêler avec la térébentine & d'abreuver ce mélange d'une liqueur propre à le rendre coulant; cette opération n'occaſionneroit aucune effervefcence; mais les trois matieres, malgré le plus intime mélange qu'on pourroit leur procurer à froid, reſteroient dans leur état naturel, & ne produiroient pas une liqueur qui auroit la qualité de Vernis ni ſes effets; l'on a trouvé que l'action du feu ſur ces matieres broyoit mieux, diviſoit mieux que tout ce qu'on pouvoit inventer; l'on a donc mis d'une part le ſandarac & l'eſprit-de-vin qui aide à ſa diviſion avec le ſecours d'un petit feu, d'autre part, la térébentine avec un feu plus ardent, & c'eſt quand le feu a bien diviſé ces matieres & qu'elles ſont en fermentation, qu'il faut les joindre, & c'eſt quand elles ſont dans cet état de fermentation qu'elles s'unissent intimément & qu'elles se confondent, & l'effervescence que cette union procure est la preuve de leur confusion ; effet que la chaleur du bain-marie ne peut procurer, effervescence que le bain-marie n'a jamais excité.

D'où il résulte que le bain-marie opere une union des matieres plus intime que leur mélange par le simple broyement, mais moins parfaite que leur mélange par l'action du feu nud ; donc le Vernis fait au bain-marie ne vaut rien ; car en fait de Vernis, celui qui n'est pas parfait est mauvais.

L'on ne s'est jamais apperçu de cette différence, parce que l'on n'y a pas fait assez d'attention ; cependant, ceux qui font leurs Vernis au vermillon & leurs Vernis demi-blanc à feu nud, parce qu'ils ne craignent pas d'en altérer la blancheur, & leur Vernis blanc au bain-marie pour en conserver la blancheur, ont rencontré l'effervescence dans l'une & non pas dans l'autre opération.

Les Vernisseurs dosent le Vernis blanc de moitié moins de térébentine que les deux autres; c'est-à-dire, que si sur une once de sandarac ils mettent quatre onces de térébentine pour les Vernis qu'ils font à feu nud, ils n'en mettent que deux onces pour ceux qu'ils font au bain-marie; ils le font par esprit d'épargne & par mépris pour la qualité du Vernis, & ces sentimens les rapprochent du vrai; car il reste autant de flegme nuisible à la bonne qualité du Vernis dans deux onces de térébentine préparée au bain-marie, que dans quatre de celle préparée à feu nud; les doses étant dans cette proportion, le Vernis au bain-marie séchera moins promptement & sera moins solide que celui fait à feu nud, parce qu'il a conservé plus d'humidité, & qu'il est privé du corps essentiel à sa solidité.

C'eſt aſſez dit pour cette eſpece de Vernis ; l'uſage, l'habitude, l'emploi, la réflexion, convaincront mieux que mes raiſonnemens.

ARTICLE II.

Des Vernis gras.

Tous les Verniſſeurs ſont d'accord de faire les Vernis gras à feu nud, & de fondre les gommes à ſec ; mais tous ne ſe ſervent pas des mêmes vaiſſeaux. Les uns les font dans des vaiſſeaux de terre, les autres dans des vaiſſeaux de cuivre, ce n'eſt pas aſſez de différencier par l'eſpece des vaiſſeaux ; ils différencient encore dans les figures ; les uns ont des vaiſſeaux plus larges que hauts ; les autres plus hauts que larges, en forme de buches.

Les gommes les plus en uſage, ſont, le karabé, ambre ou ſuccin, la gomme copale ; quelques-uns font un Vernis brun avec la gomme lacque en feuilles, & le nomment Vernis à l'or; ils se servent aussi de sandarac (1), & le nomment Vernis commun ou Vernis aux trains.

Les huiles sont de lin, d'œilet, de noix; le choix & la préparation de ces huiles sont différens chez chacun des Vernisseurs; car les uns font usage d'huile de lin préparée (2), les autres d'huile d'œillet ou de noix, sans autre préparation que d'être bouillie. Leurs doses sont aussi variées, & sont depuis deux quarterons (3) jusqu'à huit sur une livre de gomme, & chacun d'eux fait un Vernis dont il est content & qu'il estime meilleur que celui des autres.

Le Vernis gras, plus incompatible avec l'eau que le Vernis maigre, demande que l'huile qui entre dans sa

(1) Réfutation, page 43.
(2) Réfutation, page 36.
(3) Réfutation, page 42.

composition, soit purgée de toute humidité, à quoi l'on parvient par l'évaporation. L'huile purgée de son humidité, il ne lui reste plus que sa graisse & son souffre, & c'est d'après cette opération qu'on peut la nommer (1) huile grasse.

Les gommes contiennent aussi des parties acqueuses qui s'évaporent pendant l'opération.

L'huile est la base des Vernis gras; c'est elle qui lui donne son brillant & sa solidité. L'huile grasse (2) est une

---

(1) Réfutation, page 36.

(2) L'huile grasse est une huile épaissie par l'évaporation totale de ses parties acqueuses; on lui mêle des sels & des terres pendant l'opération. Cette évaporation concentre dans un plus petit volume, la crasse, le lait d'amande, les terres & les sels qui étoient dans un plus grand volume. Les terres que l'on y joint, la chargent encore plus de crasses & la rendent colorée; ces crasses se corrompent, se pourrissent avec le temps : elle devient bourbeuse, opaque & grise : elle est dan-

eſpece de Vernis; les gommes une fois fondues, ne recouvrent plus ni leur ſolidité ni leur tranſparent, ſi on les laiſſe refroidir ſans le mélange ou d'huile ou de térébentine; car la térébentine ſe marie auſſi avec les gommes; cependant l'huile leur eſt plus analogue & répare mieux les ſubſtances qu'elles ont perdues par l'action du feu.

Opération.

Sur une partie de karabé ou de copal, ou de gomme lacque, fondue bien exactement, verſez cinq quarts d'huile

---

gereuſe pour la Peinture qu'elle voile de ſes craſſes & de ſes ſels: elle oblige les Vernis les mieux faits à jaunir, & ſouvent les fait gerſer. L'Auteur a trouvé le moyen de donner à l'huile les qualités requiſes pour la Peinture & pour les Vernis, & l'a dépouillé de tous les défauts de l'huile graſſe. Il en donnera la recette au Public quand il en aura ſimplifié les préparations. En attendant, l'on en trouvera chez lui les quantités dont on aura beſoin.

presque bouillante ; ou la même chose, sur quatre parties de gomme versez cinq parties d'huile ; ce mêlange doit se faire loin du fourneau, de peur que le vaisseau ne s'enflamme ; si ensuite vous remettez votre vaisseau sur le feu, portez-y toute votre attention, car ce mélange échauffé est susceptible d'une ébullition qui jette dehors du vaisseau toutes les matieres ; cet incident a occasionné des malheurs fréquens ; il a souvent brûlé les mains ou les jambes, & quelquefois les maisons de ceux qui ne l'ont pas craint ou qui ne l'ont pas prévu. Quand ce mélange est à demi-froid, l'on y joint de l'huile éthérée de térébentine en quantité suffisante pour le rendre coulant & facile à employer.

L'Auteur n'indique pas ici la dose d'aucun Vernisseur, pour les raisons qu'il en a données ; il indique la dose la plus approchante du vrai, & la plus vraie maniere d'opérer.

ARTICLE III.

Des Vernis neutres.

Les Vernis neutres ſont ainſi nommés, parce qu'ils n'ont ni le brillant ni la ſolidité des autres.

Vernis au verd ordinaire, ou Vernis d'Hollande.

Ce Vernis ſe compoſe de térébentine cuite & d'arcançon, ſeulement abreuvé d'une ſuffiſante quantité d'eſſence de térébentine ; la doſe eſt une partie d'arcançon ſur quatre de térébentine.

L'opération, ainſi que des ſuivans, eſt la même que pour les Vernis maigres ; ſeulement il eſt à remarquer que le mélange des matieres qui entrent dans la compoſition de ce Vernis, n'occaſionnent aucune efferveſcence, & cela parce que les matieres ſont de même nature ; raiſon qui prouve, par ſurabondance, que l'effervescence dont l'Auteur parle dans les Vernis maigres, page 83, eſt un incident néceſſaire à la beauté, à la ſolidité de ces Vernis, parce qu'il aſſure de l'intime union des matieres dont ils ſont compoſés.

Cette obſervation qu'on ne trouve dans aucun des livres qui traitent des Vernis, prouve que l'Auteur a une parfaite connoiſſance & une grande habitude des Vernis qu'il traite.

Vernis à Tableaux.

Ce Vernis ſe compoſe de térébentine de Veniſe & de maſtic en larmes ſuffiſamment abreuvé d'eſſence de térébentine. Sa doſe eſt une partie de maſtic & deux parties de térébentine de Veniſe.

Le Vernis à Tableaux n'eſt point ſolide; il eſt ſujet à gerſer & à jaunir; mais il eſt facile à enlever de deſſus la peinture, par le ſimple frottement d'une peau de mouton qui le pulvériſe ſans trop endommager la couleur des tableaux ; s'il étoit plus ſolide, il faudroit ſe ſervir d'une leſſive d'eau ſeconde ou de ſavon noir qui mord auſſi ſur la peinture à l'huile, & qui pourroit endommager les couleurs, nonobſtant les précautions qu'on pourroit prendre.

Si par haſard ce Vernis ne gerſe pas, il jaunit aiſément & ſuffiſamment pour maſquer les couleurs ; ce qui oblige à un fréquent renouvellement, qui ne peut ſe faire ſans endommager quelques parties du tableau.

L'idée ou le beſoin de vernir un tableau, eſt d'empêcher que la pouſſiere ou les taches de mouches ne ſe placent immédiatement ſur la couleur ; l'on peut y obvier par une eſpece de Vernis fait de blanc-d'œuf qui s'enleve facilement avec une éponge mouillée, ſans occaſionner aucun dommage de la Peinture, & qu'on renouvelleroit toutes les fois qu'on voudroit, ou par une couche de bon Vernis gras qui se lave facilement avec une éponge mouillée, sans souffrir aucun dommage & par conséquent sans besoin d'être renouvellé. Je dis un bon Vernis gras ; car un Vernis mal fait, voile les couleurs & est sujet à gerser.

De la Gomme lacque en grains.

La gomme lacque ne s'amalgame volontiers qu'avec la gomme gutte ; & l'esprit-de-vin est son dissolvant. Elle fait un mauvais effet mêlée avec toute autre chose. Elle fait le Vernis des Luthiers : les Peintres en carosses en font leurs couches d'apprêts, pour parvenir à la dorure brunie des paneaux, & par addition des teintures tirées séparément à l'esprit-de-vin, de saffran, de sandragon, de raucou, de terra-merita, ils font une espece de Vernis couleur dorée, qu'ils employent pour colorer l'or.

La dose de ces mélanges est arbitraire : plus ou moins d'esprit-de-vin rend cette espece de Vernis plus ou moins coulant ; & comme les uns sont portés pour l'or citron, & que les autres estiment mieux l'or rouge ; les uns mettent plus, les autres mettent moins de la teinture de sandragon, ou de saffran.

Tous les Vernis se rapportent à ceux dont ce Traité donne les compositions ; &, comme l'on voit, tous les Vernis se réduisent à trois especes.

Des Mordans.

Les mordans servent à prendre ou happer sur leurs superficies, le cuivre en feuilles & les bronzes ; il y en a de deux sortes, de gras & de maigres.

ARTICLE PREMIER.

Des Mordans gras.

Le mordant gras blanc ſe fait d'huile de lin & de galipot, & ſert pour argenter ou bronzer en blanc, ou gris, ou rouge.

Opération.

L'on fait cuire de l'huile de lin juſqu'à parfaite évaporation de ſes parties acqueuſes, & l'on y mêle aſſez de galipot pour que le tout acquiere une conſiſtance de ſirop épais ; quand on veut en faire uſage, on le rend liquide avec l'eſſence de térébentine.

Le mordant gras rouſſâtre ſe compoſe d'huile de lin, de bithume de Judée & de galipot ; il s'employe pour le cuivre & la bronze dorée & jaune.

Opération.

Sur une livre d'huile de lin, mettez quatre onces de bithume de Judée ;

faites bouillir pour en évaporer toute l'humidité; ensuite joignez, comme dessus, assez de galipot pour que le tout acquiere une consistance de sirop épais, & faites-en usage avec l'essence de térébentine.

ARTICLE II.

Du Mordant maigre.

Le Mordant maigre se fait de cire, de térébentine de Venise & d'huile de lin.

Opération.

L'on fait bouillir huit onces de térébentine de Venise; on y met une livre de cire jaune pour le cuivre, ou blanche pour l'étain; quand ces deux ingrédiens sont intimément incorporés, l'on verse dessus de l'huile de lin cuite & bouillante, jusqu'à ce que le tout soit devenu liquide.

Ce Mordant s'employe chaud.

Chaque gomme & résine trouve ici

ſa place & la place qui lui eſt propre, ſoit dans les Vernis, ſoit dans les Mordans; & ſi l'Auteur ne parle ni de benjoin ni de camphre (1), ni de gomme élémy, c'eſt qu'ils ne ſont pas propres aux Vernis ni aux Mordans.

Les recettes que donne l'Auteur ſont ſimples & vraies; il n'eſt pas exposé à la ſentence prononcée par le Manipulateur (2). Les opérations ſont, à la vérité, dangereuſes; mais l'habitude & la vraie connoiſſance de la choſe, prévoit, prévient, évite les accidens. La préparation des Vernis eſt moins dangereuſe que celle de la poudre à canon, il arrive cependant rarement des accidens dans les moulins où elle ſe fabrique.

Le Vernis peut ſe définir une glace liquide dont on couvre tout objet que l'on veut ou conſerver, ou embellir;

(1) Réfutation, page 38.

(2) Réfutation, page 39.

pour qu'il ait la faculté de conſerver; il faut qu'il ſoit bon & ſolide; & pour qu'il ait celle d'embellir, il faut qu'il ſoit beau & tranſparent. Il trouve ces qualités requiſes en partie dans la qualité des matieres dont il eſt composé, mais plus encore dans l'intelligence de la fabrication : avec de très-bons ingrédiens, l'on peut faire de très-mauvais Vernis.

Le Vernis comme la glace veut être poli des deux côtés; mais comme il n'eſt pas poſſible, on y ſupplée en l'appliquant ſur des objets polis, & on le polit ſur plus ou moins de couches de cinq à huit.

Le Vernis appliqué ſur des objets bien polis eſt plus beau & plus brillant que s'il étoit appliqué ſur des objets défectueux & raboteux; la glace appliquée ſur un bel étain, joue mieux que celle derriere laquelle on auroit collé un papier. Enfin, le Vernis eſt une glace.

Le mauvais Vernis, dans ses caprices, séche ou trop lentement ou trop promptement ; le bon Vernis seche lentement, c'est-à-dire, celui fait à la térébentine, en une demi-heure, & devient dure en douze heures ; le Vernis à l'huile seche en huit heures & ne devient dur qu'en vingt-quatre & quelquefois en quarante-huit heures ; l'air plus ou moins sec le détermine.

Les bons & les mauvais Vernis ont à-peu-près le même coup d'œil en les appliquant ; mais par la suite, le mauvais Vernis ou gerse, ou se ternit, & reste toujours tendre. Le bon Vernis ne gerse jamais & reste toujours luisant & dur : le mauvais Vernis s'use par l'attouchement : (l'on entend parler du Vernis à l'huile) le bon Vernis résiste à la fatigue ; cependant à la longue il perd de son poli qu'on peut lui rendre en le repolissant, s'il a été la premiere fois poli sur huit couches.

De la maniere d'employer & polir le Vernis.

Après avoir poli l'objet qu'on veut vernir avec de la pierre ponce large & unie, ensuite avec de la ponce en poudre impalpable, & encore avec du tripoli en poudre impalpable, pour effacer les rayes de la ponce, & lavé l'objet pour qu'il n'y reste rien de sale, l'on met une couche de Vernis maigre, c'est-à-dire, faite à l'esprit-de-vin; l'on met cette couche un peu grasse; l'on passe le blereau avec célérité, en évitant de passer plusieurs fois sur la même place, parce que le Vernis qui seche promptement prendroit l'épaisseur d'une seconde couche en passant plusieurs fois sur la même place, & feroit des inégalités; la seconde couche ne se met que quand la premiere est non-seulement séche, mais dure.

Il faut être avare pour bien employer le Vernis gras ou Vernis à l'huile; il faut mettre la couche la plus maigre qu'il est possible, la bien tirer, la bien étendre; l'on ne court aucun risque de repasser plusieurs fois à la même place, parce que ce Vernis ne prend pas vîte & qu'on a le temps de le manier. Les autres couches se mettent avec la même précaution & toujours quand les couches précédentes sont dures.

L'obligation de polir l'objet sur lequel on veut appliquer le Vernis, ne regarde point les tableaux qu'on détruiroit par cette méthode; l'on ne vernit point les tableaux pour les rendre brillans, mais seulement pour rappeller la couleur des vieux, & conserver celle des nouveaux (1).

Quand on a mis un nombre suffisant

(1) Supra page. 94.

de couches de Vernis, on le polit avec du tripoli en poudre impalpable noyé dans l'eau & porté sur l'objet avec une étoffe de laine fine & blanche.

De la Peinture en Bâtimens.

L'ON peint des Appartemens ave des couleurs apprêtées soit à l'huile, soit à la cole. Si quelqu'un, par curiosité, ou pour quelque autre raison, vouloit faire peindre par ses domestiques ou toute autre main qui ne seroit pas accoutumée à manier la brosse, à étendre la couleur; il doit préférer les couleurs apprêtées à l'huile, qui conservent plus long temps leur fluidité, & qu'on peut leur rendre par l'addition de l'huile de térébentine, qui pour lors se manie & se repasse facilement; au lieu que les couleurs apprêtées à la cole se congelent à mesure qu'elles se refroidissent, & qu'elles font des épaisseurs & des nuances toutes les fois qu'on veut les éviter.

Ces deux apprêts ont chacun leurs inconvéniens. La couleur apprêtée à la cole seche plus promptement, est moins dispendieuse, & l'on peut jouir plutôt de ses appartemens ; mais elle n'est point solide ; la moindre humidité y fait des nuances ; la sécheresse la fait gerser & tomber par écailles ; il faut souvent la renouveller ; elle devient par-là plus dispendieuse.

La couleur apprêtée à l'huile seche moins vîte, mais elle est moins susceptible de nuances ; elle est très-solide ; & si elle est couverte de deux à trois couches de bon Vernis gras, elle peut se laver avec l'éponge mouillée toutes les fois que la poussiere ou les insectes l'auront tachée.

Le fond des peintures des appartemens où la couleur générale est le blanc, le petit gris, le verd d'eau, le lilas.

Pour tel fond que ce soit, la premiere couche doit être d'une belle céruse, & les deux autres de la couleur du fond que l'on desire ; sçavoir, pour le blanc, deux couches de blanc de plomb purgé de ses sels. Pour le petit-gris, une pointe de noir d'ivoire avec de la belle céruse : pour le lilas, de la belle lacque en très-petite quantité, de la céruse & un rien de bleu de Prusse: pour le verd d'eau, de la céruse, du verd de montagne soutenu d'un peu de verdet purgé de son souffre arsenical.

Ces fonds se rechampissent en rose, en cramoisi, en verd, en lilas, en or.

Le rose & le cramoisi se font du mélange de la lacque & du blanc; avec cette différence que pour le rose on met plus de blanc & une petite pointe de carmin.

Le verd se fait avec le verdet purgé; l'on peut y mêler ou du stil de grain ou du bleu de Prusse, pour le mettre à l'unisson du fond.

L'on rechampit aussi de la même couleur que le fond, en éclairant ou brunissant la teinte du rechampissage.

L'on auroit pû se dispenser de décrire ces mélanges, parce qu'il eſt à ſuppoſer que ceux qui feront peindre chez eux par leurs domeſtiques, acheteront les couleurs apprêtées, & qu'il faut être perſuadé que les Peintres les connoiſſent.

Quelquefois l'on peint les Appartemens à cauſe des emmeublemens; alors il faut que la couleur dominante de l'Appartement ſoit la couleur dominante de l'emmeublement, & la couleur du rechampiſſage, la couleur répandue dans la dominante de l'emmeublement; c'eſt dans ce cas qu'il convient que le Peintre qui doit travailler, ou le Marchand qui doit fournir les couleurs, voye les meubles ou tout au moins un morceau aſſez grand pour pouvoir juger des couleurs & de la teinte qu'elles doivent avoir pour être employées dans l'Appartement.

Si l'emmeublement eſt d'une ſeule couleur, la Peinture de l'Appartement ne peut souffrir qu'un encadrement doré ou couleur d'or. L'orpin jaune doré fait la couleur d'or.

La Peinture sur des murs nouvellement construits ou recrépis résiste rarement à l'humidité qu'ils rendent. Le plâtre & la pierre neuve jettent une eau qui repousse la Peinture & qui endommage même la boiserie qui en approche ; il faut donc laisser aux murs le temps de sécher ; encore après ce temps le précaution est bonne de mettre sur les murs une premiere couche de chaux encolée, si l'on veut peindre à la détrempe, ou une couche d'huile bouillante si l'on veut peindre en huile ; quant à la boiserie, l'on doit, à tout événement, l'imprimer par derriere de deux couches d'huile, soit qu'on veuille peindre le devant à l'huile ou à la détrempe.

La boiserie éprouve quelquefois l'inconvénient de se disjoindre, particulierement quand on y employe des bois qui ne ſont pas ſecs ; on répare l'accident en rempliſſant les fentes avec un maſtic à la cole fait de blanc de céruſe & d'ochre jaune ; mais on ne peut empêcher la boiſerie de ſe fendre ou de ſe disjoindre à côté ou ailleurs ; c'eſt un défaut irréparable qu'on ne doit pas pardonner au Ménuiſier.

Si l'on veut que les Vernis jouent bien ſur ces peintures, il faut, avant que de rechampir, abattre les grains que la couleur aura pu faire ; l'on y parvient en paſſant deſſus le fond une pierre ponce bien unie & bien platte, environ de deux pouces de diametre.

Si l'on veut un grand poli, il faut, avant que de peindre ſur le plâtre, le rendre uni avec la pierre de ponce, faire la même opération ſur trois couches de blanc ; & après avoir mis trois couches de la couleur dont on veut que l'appartement ſoit peint, polir avec le tripoli ; enfin, polir le Vernis ſur cinq couches.

Si l'on veut dorer des parties, faire des encadremens en dorure, il faut, avant que de vernir, coucher de mixtion les lignes ou les parties que l'on veut dorer; & quand la mixtion paroît séche & que cependant elle cole encore un peu, l'on y applique l'or.

Les parquets & les carreaux se mettent en jaune ou rouge, à la détrempe ou à l'huile.

Si l'on veut mettre un parquet en jaune en détrempe, & ne pas cacher les veines du bois, il faut y employer de la teinture de gaude ou de graine d'Avignon ou de bois de futaye : si l'on veut le mettre en rouge, il faut employer la teinture du bois d'Inde ou du bois de Fernanbourg à deux à trois couches encolées de quatre onces de cole de Flandres par pinte, & cirer pardessus.

Si c'est un vieux parquet dont on veut masquer les défauts, il faut simplement, dans chaque pinte d'eau,

coloris, & l'harmonie des couleurs d'un tableau.

Par de bonnes recettes de Vernis, de bons raisonnemens sur les couleurs, l'Auteur a suffisamment éclairé le Public, pour qu'il soit désabusé des fausses recettes & des faux raisonnemens du livre intitulé : l'*Art de faire & d'employer le Vernis.*

Après avoir suffisamment parlé de la Peinture & des Vernis, il reste à l'Auteur à donner les moyens de peindre les tableaux de couleurs immuables dans leurs teintes, & de conserver, autant qu'il est possible, ceux qui sont faits ; c'est ce qu'il tentera dans la Dissertation suivante.

Dissertation du Nettoyage des Tableaux, de la cause des gersures de la Couleur, & de la pourriture de la toile.

La réputation d'un bon Peintre subsiste encore long-temps après le détriment de ses ouvrages; mais la valeur de ses ouvrages diminue en proportion du détriment qu'ils ont souffert, soit par le nettoyage, soit par les pinceaux étrangers qui les ont retouchés. Nous voyons tous les jours préférer le tableau d'un Peintre qui n'est pas d'un mérite égal, à celui dont les couleurs sont détériorées par vétusté.

Des Artistes ont trouvé le moyen de renouveller la toile des vieux tableaux en la recolant sur un autre, ou en reportant la Peinture sur une autre toile; les Peintres leur en savent bon gré; ils font subsister encore quelque-temps les débris défigurés d'un ouvrage qui a eu du mérite autrefois, & qui n'est pour lors recommandable que par la réputation de son Auteur.

Si l'on a remarqué que les couleurs des tableaux dont les toiles sont défectueuses, sont gersées, l'on aura aussi réfléchi sur la cause de la pourriture de la toile & de la gersure des couleurs, & l'on aura prononcé que c'étoit l'humidité : d'où vient cette humidité ? Elle n'est pas assez considérable dans le cabinet boisé d'un Amateur, ou dans ses appartemens tapissés, pour endommager la toile d'un tableau ; elle attaqueroit d'abord la boiserie ou la tapisserie.

L'on ne peut pas nettoyer un tableau qu'on ne le frotte en appuyant plus ou moins, cette action repousse la toile & la plie ; elle se prête ; la couleur appliquée dessus plie aussi, mais se prête-t-elle ? Il est à croire que non. La couleur est d'une ténuité séche ; & pour suivre le mouvement élaſtique de la toile, elle ſe briſe imperceptiblement la premiere fois, mais ſuffiſamment pour faire des intervales par leſquels l'eau dont on lave les tableaux, s'introduit & va trouver la toile qu'elle mouille : la toile mouillée ſe reſſerre, ſe rebande (perſonne n'ignore cet effet) & devient plus étroite, plus courte que la couleur qui la couvre, la reſſerre, la contraint, & par conſéquent l'ébranle ; la toile en ſe ſéchant, ſe relâche ; la couleur la ſuit & reprend ſa premiere ſituation, mais ce n'eſt pas ſans le dommage imperceptible qu'a cauſé l'extenſion du frotage & le reſſerrement de la toile mouillée.

La toile mouillée garde long-temps ſon humidité, à cauſe de l'encolage ; l'encolage très-ſuſceptible de putréfac tion en reçoit quelques atteintes qu'elle communique à la toile ; les petits filamens de la toile ſe briſent dans leurs longueurs, la toile s'affoiblit, s'allonge & s'élargit; elle devient trop grande pour ſon chaſſis, il faut la rétendre.

L'opération de rétendre la toile ne ſe fait pas ſans occaſionner des intervales de la couleur qui ſont déjà diſpoſés, comme il a déjà été remarqué par le premier frottement: c'eſt alors que les gerſures deviennent viſibles; elles le ſont encore plus ſi le tableau ſouffre un ſecond nettoyage, par lequel l'ébranlement de la couleur eſt plus conſidérable, les gerſures deviennent plus grandes & la toile plus humectée & plus pourrie; c'eſt une ſeconde raiſon pour chercher les moyens de n'être pas obligé de faire nettoyer les tableaux.

Les cauſes qui obligent de faire nettoyer un tableau, ſont, le mauvais vernis que l'on a mis deſſus pour faire reſſortir les ombres qui ſont imbues, ou pour empêcher la pouſſiere de ſe placer immédiatement sur la couleur, Vernis qui gerse & qui devient noir; ou pour ôter la crasse des huiles & des couleurs qui ont été employées sans être purgées des sels & des matieres hétérogenes qui s'y trouvent mêlées. L'effet du mélange des couleurs hétérogenes est nuisible aussi à la durée des teintes, plusieurs Peintres l'ont reconnu & l'ont évité; tels sont, suivant toutes les apparences, Titien, Vandcyk, Rubens, dont le coloris se soutient mieux que celui de quantité d'autres Maîtres.

Si ceux qui ont trouvé le moyen de nettoyer les tableaux, de renouveller sa toile, opération fâcheuse à la Peinture, ont rendu quelque service à l'Art & à l'Artiste, celui qui leur procurera des couleurs dépouillées de leurs sels & de leurs crasses, des couleurs solides dans leurs teintes, des huiles dépouillées de leurs crasses, de leur teinture, de leur odeur, des Vernis qui ne ſont pas ſujets à gerſer ni à noircir, en aura rendu un plus conſidérable.

FIN.

De l'Imprimerie de QUILLAU, rue du Fouarre.

www.ingramcontent.com/pod-product-compliance
Ingram Content Group UK Ltd.
Pitfield, Milton Keynes, MK11 3LW, UK
UKHW031912260826
14628UKWH00003B/1154

9 782014 033908